学习力就是生存力

——百岁教师的人生寄语

[日]桥本武 著

王军 译

教育科学出版社
·北京·

出 版 人 李　东
责任编辑 颜　晴
版式设计 沈晓萌
责任校对 马明辉
责任印制 叶小峰

图书在版编目（CIP）数据

学习力就是生存力：百岁教师的人生寄语／（日）桥本武著；王军译. —北京：教育科学出版社，2021.9

ISBN 978-7-5191-2711-4

Ⅰ.①学… Ⅱ.①桥… ②王… Ⅲ.①教育工作②学习方法 Ⅳ.①G4②G791

中国版本图书馆 CIP 数据核字（2021）第 157275 号

北京市版权局著作权合同登记 图字：01-2021-4221 号

学习力就是生存力——百岁教师的人生寄语

XUEXI LI JIUSHI SHENGCUN LI——BAI SUI JIAOSHI DE RENSHENG JIYU

出版发行	教育科学出版社			
社　　址	北京·朝阳区安慧北里安园甲 9 号	邮　　编	100101	
总编室电话	010-64981290	编辑部电话	010-64981265	
出版部电话	010-64989487	市场部电话	010-64989009	
传　　真	010-64891796	网　　址	http://www.esph.com.cn	
经　　销	各地新华书店			
制　　作	北京金奥都图文制作中心			
印　　刷	中煤（北京）印务有限公司			
开　　本	850 毫米×1168 毫米　1/32	版　　次	2021 年 9 月第 1 版	
印　　张	5	印　　次	2021 年 9 月第 1 次印刷	
字　　数	73 千	定　　价	39.80 元	

耗时三年精读一本小说《银汤匙》

引领滩校成为东京大学录取人数日本第一校的"传奇授课"

"学习（能力）即生存（能力）"

百岁教师的人生寄语

桥本武老师是著名作家远藤周作的中学语文老师，除了远藤周作，他教过的很多学生先后成为日本各界的领军人物。远藤周作是我最热爱的作家之一，他的代表作《海与毒药》《沉默》《深河》均堪称伟大。因为远藤周作，我对桥本武老师充满了好奇。

《全世界都想上的课——传奇教师桥本武的奇迹教室》这本书满足了我的好奇心，又激发了我更为强烈的好奇心，这个成人生活的标志性范本，这位"令人惊异的'趣味人'先生"，会怎样讲述自己的修学为师之道呢？

《学习力就是生存力——百岁教师的人生寄语》满足了我的好奇心，引发了我的思考。

桥本武老师讨论了"学"与"玩"的关系："玩"，孩子们会主动参与其中，"学"，也应如此……，要想办法让孩子们带着玩的感觉不断学习下去。要创造让孩子们兴味盎然、主动参与的氛围和环境，能让他们发自肺腑地说："好！我也干一把！"在家里、在学校，成年人都要为孩子创造"玩的教育"环境，让孩子能够用放松的心境，用自己喜欢的方式做自己喜欢的事，即便有时毫无意义也无所谓，在拼命做事的过程中逐渐找到自己的方向，养成投入的习惯。从"玩"和"学"的关系中，桥本武老师揭示了学习的根本。有学习力的孩子，首先要有这样的环境，这样的环境是由成人创造的。

桥本武老师阐释了"慢速阅读"的内涵：第一，让学生花时间、花精力去阅读、吸收一本书，以此培养其思考能力；第二，为让学生了解多种多样的生活方式、存在方式，尽量让他们多读。这样的阅读是以一当十的阅读，是知行合一的阅读，学生用阅读拓展学习领域，阅读过程与写作过程配套进行，引领学生用语文的姿态学习和生活。在"慢速阅读"的过程中，学生有充裕的时间对理所当然的事情抱有疑问，对司空见惯的词语从不同角度重新审视，越慢越广、越慢越多、越慢越深，"慢速阅读"成为"真正培养国语能力的阅读"。从另外一个角度来看，"慢速阅读"带着神闲气定的优雅，带着沉浸其中的愉悦，呈现出阅读者良好的心态，良好的阅读心态会逐渐转化为美好的生活姿态。

桥本武老师解读了真正的"宽松教育"："超标"学习，将来会转化为游刃有余的宽松和舒适。这，才是真正意义上的"宽松教育"。战后所谓的"宽松教育"，在我看来不过是"懒惰教育"。……这种"超标"不是为了应试，而是为了在你与人生中到处潜伏的困难迎头相遇时真正地助你一臂之力。桥本武老师的"超标"不是简单的增量，而是要增加精神的承受力，让学生向自己的极限挑战，敢于完成具有挑战性的任务，当时可能感觉已经到了极限，未来会觉得游刃有余，桥本武老师认为这样培养出的"宽裕的心灵"就是素养。

桥本武老师的魅力体现在教育他人上，也体现在自我教育上：对我而言，以自己喜欢的方式做了自己喜欢的事，就是成功。今天想做这个，或想做那个，然后做成了，就足够了，对生活不抱过分的幻想和希望。……无比开心的"学习的每一天"，今天仍在继续。把握好玩与学的关系有助于更深入地享受人生，在学习中度过每一天，就是用玩的心态主动参与、兴味盎然地度过每一天，这样的人生，值得！一个成功的教育者，首先是一个成功的学习者，一个成功的自我教育者，桥本武老师树立了成功教育者的标杆。

临近知天命的年纪，通过《学习力就是生存力——百岁教师的人生寄语》跟活了 101 岁的桥本武老师对话，让我对教育、对语文教育、对自我教育都有了新的认识，了解到不曾体验的生活，拓展了不曾关注的角度。

2018 年 5 月，教育科学出版社刚收到《全世界都想上的课——传奇教师桥本武的奇迹教室》第二次印刷的样书，我就抢到一本尝新，欣喜之情至今难忘。2021 年 6 月，《学习力就是生存力——百岁教师的人生寄语》尚未付梓，我居然受邀作序能先睹为快，实在是受宠若惊。顺便说一句，这本书有"彩蛋"。远藤周作先生和桥本武先生载于 1974 年 4 月 6 日《读卖周刊》的对谈，在《全世界都想上的课——传奇教师桥本武的奇迹教室》一书中即有提及但语焉不详，在这本书里竟然全文附录！对谈的两人，人生经历丰富，文学功底深厚，都是不折不扣的"趣味人"先生，他们的对话内容精彩到什么程度，他们的遣词用句有趣到什么程度，须自己读过才能体会。

我很喜欢桥本武老师玩中学的育人理念，期待更多的教育同仁、家长朋友能够打开这本书，用桥本式的理念帮助学生拥有"宽裕的心灵"，无比开心地度过"学习的每一天"，让百岁教师的趣味人生照亮我们的脚下，那是通向终身成长的阳关道。

2020 年 3 月，重读《全世界都想上的课——传奇教师桥本武的奇迹教室》，我写了书评《如此，方可为"恩师"》，发表在《中国教育报·读书周刊》上。重读《学习力就是生存力——百岁教师的人生寄语》，应该还会有一篇书评，这是我向桥本武老师致敬的方式。

（作者系北京师范大学文学院研究员，中国教育学会中学语文教学专业委员会秘书长，北京教育学会中学语文教学专业委员会副理事长）

不论是两年前阅读《全世界都想上的课——传奇教师桥本武的奇迹教室》，还是眼下阅读桥本武先生撰写的这本《学习力就是生存力——百岁教师的人生寄语》，我以阅读为契机开展反思的问题始终是两个：一是理想的教育什么样；二是教师应如何促进自身的全人发展。第一个问题关乎自己所从事的职业或事业价值的判断，第二个问题则关乎个人的生命体验。更进一步说，这两个问题的背后，其实还是我对"我是谁""生命的意义是什么""未来何去何从"这些最基本的哲学问题的思考。

在阅读和思考的过程中，最令我开心的事莫过于不论探寻哪个问题的答案，从理论到教学实践，我和桥本武先生都有着极为相像的"答案"：桥本武强调"像'玩'一样地'学'"，教师应当在创造环境、激发学生的兴趣上下功夫，他带着学生开展《银汤匙》的"慢速阅读"，让学生在看起来

"绕远"的各种读写活动中热爱上母语和传统文化，也热爱上学习、思考、质疑、探究、合作……。在近三十年的教书生涯中，我也像桥本武先生一样，带着学生做过不少看起来"绕远"的事情：开设关注北京传统文化的选修课、带着学生做项目学习、开展科普科幻教育……。桥本武先生认为，母语教学是"生活能力、学习乐趣之源"，培养母语能力的关键在写，这一点主张，又和我所在的北京景山学校以作文为中心组织教学的语文教改经验不谋而合，如出一辙。还有很多的桥本武先生的教育理念我都很赞同，我甚至认为，桥本武先生的课形象地诠释了我对理想教育的认识。对我来说，通过阅读《学习力就是生存力——百岁教师的人生寄语》研究"慢速阅读"在教法方面的可取之处，这仅是在"术"的层面做的探讨；桥本武先生和他的"慢速阅读"更大的价值，是将我们反思的重心引到了对"道"的思考上：我们应如何摒除功利主义的负面影响，回归教育的本源，以学生发展为本，遵从教育的基本规律开展教学，在教学过程中切实关注生命成长。

再来谈谈《学习力就是生存力——百岁教师的人生寄语》这本书给教师应如何促进自身的全人发展这个问题带来的启发。

这些年，我一直密切关注着教师专业成长的问题。我曾在写给某期刊的卷首语中写下这样的一段话："法国作家罗曼·罗兰说：'大部分人在二三十岁上就死去了，因为过了这个年龄，他们只是自己的影子，此后的余生则是在模仿自己中度过……''在二三十岁上就死去'，意味着一个人早早地就放弃自我的发展，就像一棵年轻的树不再长出新的根、新的枝芽，你只能眼睁睁地看着它日渐枯萎……。你要什么样的生活，做什么样的人，要认真思考，慎重地做出选择。"之所以生出这样的感慨，是因为我发现，许多一线教师在成长的过程中都会因遇到瓶颈期而停滞不前，也会在面对"我是谁""生命的意义是什么""未来何去何从"这些人生大问题时感到迷茫。所以，我一直在思考，在提倡面向学生开展全人教育的同时，又该如何促进教师自身的全人发展，保持旺盛的生命力呢？

我很赞同华东师范大学叶澜教授的观点："教师从事的是育人的事业，作为教师，首先要自己像人一样活着，他才能对别人产生影响，一种使其成为人的影响。"要"像人一样活着"，这个提法一语中的。怎样才是"像人一样活着"？桥本武先生就是极好的例子。对自身如何发展这个问题感到困惑的读者，不妨多花点时间细读本书的第五章"人生即不断学习——百岁人生的生存能力累积轨迹"这一章节，相信你一定会收获满满。我不能在这个章节上"剧透"更多，是因为我实在不想剥夺各位读者自主阅读的快乐。我只谈一点我的阅读体验：我一向认为，作为读者，每阅读一本好书，都应努力与书和作者建立精神层面的联系。对我来说，我与《全世界都想上的课——传奇教师桥本武的奇迹教室》《学习力就是生存力——百岁教师的人生寄语》这两书，以及和桥本武先生本人的内在联系，就是我能以此为鉴、观照自我，进而不断认识和完善自我。

文章写到这里，忽然想起初读书稿时的情形：编辑寄来稿子的当天，我一口气读完后，迫不及待地在微信上和时任教育科学出版社教师教育编辑部主任的刘灿老师聊这本书，我告诉他我读这本书有多么欢喜。他回复我说，他很喜欢的一句话是："为了人与书的相遇，其实本质上，是为了人与人的相遇。"

是啊，与一本好书相遇，其实就是与一个有趣的灵魂相遇。这个表达可真美好。

那么，还等什么呢？赶紧拿起书来，与桥本武先生相遇吧。

(作者系北京景山学校正高级语文教师，北京市特级教师)

活到老，学到老

　　到 2012 年 7 月我就 100 岁[1]了，刚好一半的时间，即长达五十年，我都在兵库县初高中一贯制私立滩校担任国语教师。

　　在日本，滩校是屈指可数的升学名校，日本社会对其一直抱有应试教育的印象，但实际上，滩校校风非自由无以形容，每一位教师也都以如己所愿的教学方式培养学生。

　　在这样的环境中，我选择的教学方式之一就是初中三年不使用文部省[2]审定的教科书，而是花三年时间让学生精读中勘助的小说《银汤匙》[3]。小说中出现放风筝的情节就让学生

----

[1] 桥本武先生生于 1912 年，2013 年 9 月辞世，享年 101 岁。（本书脚注均为译注）

[2] 2001 年后改称文部科学省。

[3] 《银汤匙》是日本作家、诗人中勘助（1885—1965）的代表作品，自传体小说。前篇于 1910 年起笔，耗时三年，至 1913 年始告完成。在老师夏目漱石（中勘助为日本文豪夏目漱石门下著名的"漱门三羽"之一）的推荐下，于同年 4—6 月在《朝日新闻》连载。时隔两年后，1915 年 4 月，小说后篇的连载在《朝日新闻》重启，至同年 6 月，这个由一把"银汤匙"引出的少年故事，在主人公无奈的青春感伤中走向了尾声……。1935 年 11 月，《银汤匙》岩波文库本（即约为 A6 尺寸的口袋书）推出。2003 年，在岩波书店为庆祝创立 90 周年而推出的"我喜欢的岩波文库 100 本"活动中，前三位被夏目漱石和中勘助包揽，《银汤匙》紧跟夏目漱石的《心》与《公子哥》之后，高居该书榜第三位。

在上课时间做风筝、放风筝，出现古诗歌集《百人一首》就在课堂上举办《百人一首》抢牌大赛①……。我希望通过一条条这样的"岔路"，让孩子们感受到学习的乐趣。

后来，因我教过的一个学生——现任神奈川县知事黑岩祐治执笔的《恩师的条件》② 出版，NHK③ 专题电视节目又继之播出，之后，通过采访我从前的学生整理撰写的《奇迹教室 H 先生和〈银汤匙〉的孩子们》又重磅出版等事件，我的教学方式便在时间的推移中最终成为日本社会的一大热门话题，并被冠以"慢速阅读"教学之名。

对此，我非常开心。因为，这一现象不只把日本社会对滩校的偏见——应试教育与填鸭式教学急先锋——一举击溃，更重要的是，它让我知道我的国语课至今"活"在学生们的心里。

---

① 诗歌竞技游戏。将写有《百人一首》诗歌的纸牌排列好后，由一人念牌，参赛者拼抢写有所念和歌的纸牌。所抢纸牌多者为赢。
② 这本书的中文版 2018 年由教育科学出版社出版，书名为《全世界都想上的课——传奇教师桥本武的奇迹教室》。
③ NHK 是日本放送协会的简称，是日本的一家广播电视机构。

《银汤匙》慢速阅读国语教学仅在初中三年进行。滩校所采用的教学方式很有特色，即一旦接任某一科目，此后六年，教师要把同一批学生从初一带到高三。也就是说，初高中六年时间如何划分使用是由各位教师自行定夺的。所以，比如我会让学生阅读用"草假名"①写成的《徒然草》②，有时也会让他们挑战《英译万叶集》等，也就是说，在滩校，除《银汤匙》课堂外，我同样可以以自己设想的方式开展其他类型的国语课。

将满百岁的今天，我每天依然会写写文章，或就各类事物展开思考，并且日常生活也基本是自理的。

但所谓岁月不饶人，现在，耳朵确实是越来越不好使了，字小了读起来也非常吃力，但在思考方面却不会感到任何困难，遇到稍有些在意的事就会不自觉地埋头思考，就像上《银汤匙》国语课时一样，如果被什么绊住了就"打破砂锅问

---

① 草假名，由汉字草书简化而来的假名，又称万叶假名。
② 《徒然草》，吉田兼好（1283—1350）法师随笔集，一般认为整理成书于1330年8月至1331年9月。与清少纳言的《枕草子》、鸭长明的《方丈记》并称三大随笔。

到底"。这也正是拜自己年轻时养成的习惯所赐吧。像这样不停地思考、学习，不但大脑不会随着年龄的增长而迟钝，每一天还会因此平添很多的趣味。

接下来想跟大家分享的，是我长达百年间，时而思考，时而育人，进而略有所悟的所谓"教育人生"。

书中，我尽己所能地讲述了自己开展慢速阅读国语课的原因，慢速阅读课之外，也介绍了我通过其他方式所教给孩子们的一些内容，还有国语课外我是怎样与孩子们相处的。除此之外，还有面向孩子们的教育应该是什么样子的，作为人应该怎样活着等。

尽管读者没有必要照搬我的课，且这本来也非我所愿，但如果您能通过本书的阅读在教育或在每天都是进行时的生活里得到某些启发，那对我来说，就是无上的幸福了。

目 录

第一章

『学』就是玩，『玩』就是学

——再次面对学生，感悟到何谓学习的根本

百岁在即，重返滩校讲台

2011 年 6 月，时隔二十七年之久，我再次站到了滩校的讲台。但与以往不同，这一次是作为周六讲座特别授课的一环，以滩校初中部在校生为对象，用中勘助的小说《银汤匙》作教材进行被称为"慢速阅读"的国语①授课。

站上讲台，我跟学生们聊了聊自己，并简单介绍了以前用《银汤匙》上国语课的情况，之后，我便在黑板上写了两个字：一个是"玩"，一个是"学"。

就写了这两个字，然后我问学生："对这两个字，大家怎么想呢？"

结果，一个学生回答："喜欢'玩'，但讨厌'学'。"

这太令人悲哀了。如今滩校已是全日本最难进的学校，但学生却说是通过讨厌的"学习"考进来的，接下来还要被

——————————

① 本书"国语"即指"日本语"。

迫去做讨厌的事——学习。

对理所当然的事抱有疑问

有一点成年人必须教给孩子：实际上，只要能将"学习"义务切换为"玩耍"之心，孩子们就会前行一步参与到"学习"中来。

但如果对厌学的孩子说，"别这么说，以'玩'的心情学不就可以了"，那也是行不通的。怎样才能"以'玩'的心情学"，孩子们是不知道的，必须由成年人加以引导，让他们自然而然产生这样的认识。

可以说这就是"成年人的教导能力"。如果是教师那就是"授课能力"了。

所以当时我又追问道："看着'玩'和'学'这两个字，你还有其他发现吗？"

话音刚落，另一个孩子答道："读音都是 3 个平假名，最后也都以'bu'音结束。"

我当即回道："说得好！一点不错！"

能留意到这些是非常了不起的。

为什么呢？因为理所当然的事很容易被我们忽视。

但实际上，如果我们对理所当然的事抱有疑问，思维就会忽地拓展开来。

图1　2011年6月18日滩校周六讲座的情景

因此，我又向孩子们抛出了下面的问题：

"'asobu'① 的 'aso' 又是什么呢？熊本县有座 '阿苏②山'，而在我的故乡京都天桥立又有个 '阿苏海'。所以你看，'aso' 可能是山的名字，也可能是海的名字。后面加上 'bu' 音，则又成了 'asobu'，也就是 '玩' 了。

"'manabu'③ 的 'mana' 也一样，虽然难懂一点，但比如说假名文字之源就叫 'mana'，汉字写作 '真名'。后面加

---

① "玩" 字的日语读音。

② 日语读音为 aso。

③ "学" 字的日语读音。

个'bu'音就成了'manabu',也就是'学'了。

"下面,大家不妨想一想,哪些词是以'bu'音结尾的呢?就让我们来一次'bu动词'大收集吧。"

只要有趣,没意义也无所谓

话音未落,学生们就思考起来了。有的望着天花板掰指头,一个、两个⋯⋯;有的则在专为今天讲座制作的《〈银汤匙〉研究笔记》上走笔如飞⋯⋯

过了一会儿我问大家找到了几个,有的只找到了两三个,有的找到了十几个。于是我就问找得多的学生,你是以什么为线索找的呢?学生回答:"是以'a、i、u、e、o'的五十音图为顺序找的。"

我一听,不禁表扬道:"你真棒!"之所以表扬,是因为想日语词汇时像字典编排顺序那样以'a、i、u、e、o'为序非常方便。

对日本人来说,五十音图妇孺皆知,但就是从这里也能展开很多很多的话题。

比如说,一般而言,记五十音图的顺序是"a ka sa ta na ha ma ya ra wa⋯⋯",但仅如此就无趣了,于是我就问学生:

"'a ka sa ta na ha ma ya ra wa'谁能倒背呢？'i'行①呢？能倒背吗？"结果没一人能办到。

于是，我就倒背如流起来："wa ra ya ma ha na ta sa ka a。ri mi hi……ru yu mu hu。"从"a"行到"o"行一行不落。

孩子们大概是倒吸了一口凉气吧，可能是因为从未听人这样背过。说实话，乍看之下这种事就算能做到也毫无意义。但所谓学习，有时候就算没有意义，但只要有趣就可以了。这就是"玩＝学"。

并且，在这样玩的时候会刺激大脑，提高记忆力。此外，当不得不记忆更难记的知识或其他内容时，有没有这样的经验，差别可就大了。

从这一角度来说，学习日本传统的《伊吕波歌》②也是一种有效的"玩耍方式"。孩子们小的时候搞不懂是什么意思，只是"I ro wa ni o e do"地哼哼就可以了。等他们慢慢长大，去查词句的意思，或从韵律方面了解到《伊吕波歌》是七五律，是当时的流行歌曲体，或思考每个读音所对应的汉字，或扩展到其他的思考主题，等等。如此，知识就会越来越丰富，学习也会越来越有趣了。

---

① 此处为日语假名英文字母读音，假名分别是"い"行、"あ"行、"お"行。"行"为日语读音表五十音图读序，同行则音尾为同一元音。
② 将日语五十音图排列出实际意义的歌谣。出现于 1079 年。

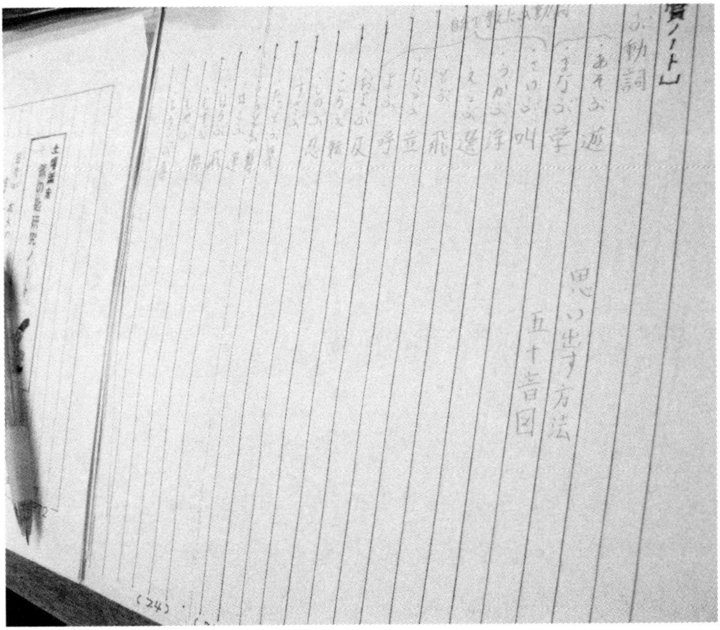

图2　参加周六讲座的学生填写的《〈银汤匙〉研究笔记》

最终，我的周六讲座几乎没有触及《银汤匙》。但我原来的打算就是将讲座要点放到"玩"和"学"上，这也正是我一直以来的授课精髓。

也正因如此，听讲座的学生们都非常开心。下课后有人告诉我，上课伊始回答喜欢"玩"、讨厌"学"的那个孩子也说，"'玩'和'学'之间的界限不存在了"，我听了真的非常开心。

从根本上来说，我以《银汤匙》为教材教过的孩子们和现在的孩子们是一样的。只要我们成年人用心地把"玩"的要素撒下去，他们就会在不知不觉中学习各类知识。

这，就是"跑题"。

为孩子们创造可以放心玩的环境

周六讲座也一样，我为什么要强调"学"与"玩"呢？"玩"，孩子们会主动参与其中；"学"，也应如此。

以职业棒球比赛为例。这种职业性比赛之所以有趣，是因为选手们并非胡闹消遣，而是为观看比赛的人们全力以赴地拼搏。所以，就算我们只是在观看也会非常激动、开心。但玩却不一样，只有当自己参与其中，和大家一起互动，才会真实感受到玩所带来的开心和有趣，只站在一边看那就毫无乐趣可言了。要说也不只是孩子，一有什么有趣的事，成年人也会主动地投身其中。

具体到学习也一样。教师也好，父母也罢，不分青红皂白地强制孩子这样或那样做，那他们永远都没有干劲。说到底，所谓教育，其本应前往的方向是不断激发孩子自身的力量。一旦孩子不自觉地对某事某物产生了兴趣，他们自己就会钻进去。

今后，"玩的教育"会越来越重要吧。

也就是说，要想办法让孩子们带着玩的感觉不断学习下去。要创造让孩子们兴味盎然、主动参与的氛围和环境，能让他们发自肺腑地说："好！我也干一把！"

只要能做到这一点，即便放任不管，孩子们也会追随自己的心不断前进。

把工作当作兴趣是关键

当然，"玩的教育"环境要由成年人创造。在家里就由父母创造，在学校那就要由教师创造。比如我，以《〈银汤匙〉研究笔记》为代表的教材制作即为把工作当作兴趣的代表之一吧。

将小说《银汤匙》以及按章手写的《〈银汤匙〉研究笔记》作为教材使用始于 1950 年，当时的复印方式只有一种，就是油印。

所谓油印，就是用铁笔在蜡纸上刻，再将刻好的蜡纸铺到油印机上复印。这刻蜡纸可并非易事。

无论是纸的质量还是印刷质量，在当时还都非常粗劣，刻蜡纸不仅需要力气，还需要时间和耐性。并且，不单要刻文字，一旦需要刻插图那就不仅要备齐工具，还需要相应的技巧了。

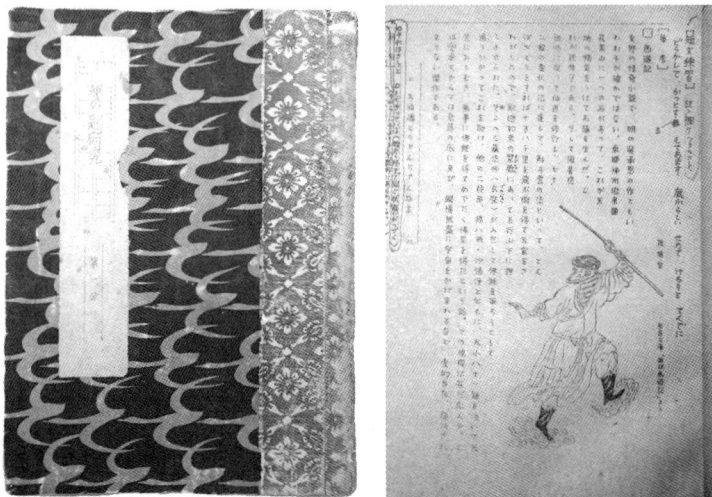

图 3　1950 年制作的第一代《〈银汤匙〉研究笔记》

此外，继《银汤匙》之后，在将《徒然草》纳入国语课时我又想，还是让学生们读古人写的草假名比较好，但草假名字体独特，粗细不定，要用铁笔刻可就难比登天了。没办法，我便自掏腰包报了油印的函授班，并备齐了刻印工具。

通过一年左右的函授学习，我掌握了草假名的蜡纸刻印技巧、插图绘制方法等，技术层面有所提高，也看到了效果。

可即便如此，当着手刻印《徒然草》时却并不顺利。

用铁笔咯吱咯吱地刻草假名，一行就要花二十分钟，三行那就是一个小时，一页要有十二行，那就得花四个小时。

校内空闲时间顶多能刻一两行，这样的作业当然无法在出勤时间完成，于是就带回家里，每天晚上都要拼命刻到凌晨两三点。

可奇怪的是，这样子自己搭钱搭时间，却从未想过什么加班费、补贴之类，也从未感到过困倦和疲劳。

究其原因，能让自己以喜欢的方式做喜欢的事，仅此，就非常满意了。

对我来说，工作本身就是兴趣。不然，如此"疯狂""过火"的教师生活，不说绝对，但也很有可能坚持不下来。

特意不以分数决高下

不过，在教室这一环境中只有玩的感觉不行，这是事实。但说到底，"真是的，又是考试，又是成绩，烦死了"，如此一来，孩子们自然静不下心来，无法心情舒畅地学习。

实际上，我的课也经常考试，但我不搞突然袭击。比如，我会预先指定课上讲的《更级日记》①的部分内容，"从这里到这里，好好读。这部分内容要考试"。

并且，分数也不是由我来打，而是学生就答案互相交流，互相给对方打分。

"如果认为打的分太低，就问打分的同学原因是什么，问他是不是太严了。"

同时我会追加一句"多少分都是满分"。我也会记录每个学生的得分，但不会反映到成绩里。为什么呢？因为我想让学生认识到感受和想法是因人而异的。诸如"正确答案是这样的""这样想才对"之类的话，我是绝不会讲的。重要的是，学生们放心地互相看答案，互相打分，互相交流。

此外，作为作业，我每月还会布置一本书，让学生写下书的梗概及读后感。

这也跟刚才说的考试一样，上交就是满分。"好难啊""没读懂""读那种书，浪费时间啦"……，不管学生写什么，写了就是满分。

因此，从学生角度来说，也能放心地想怎么写就怎么写，根本不需要担心"这样写不会被扣分吧"之类的问题。这就

---

① 《更级日记》是日本平安时代中期菅原孝标之女的日记体回忆录，约从 1020 年（作者虚岁 13 岁）一直写到 1059 年（作者虚岁 52 岁），被视为日本女性日记文学代表作。

是我的方式，让他们放心写也是我的目的。

在评定学生成绩时，平时上课的分数与期中、期末考试的分数各占一半。就考试内容而言，平时上课的内容当然不可或缺，但几乎与授课无关的应用类问题也出了很多。

"这次是应用类问题，不用特意准备哟。"

就是这种感觉。针对学生给出的答案，像"太过分了，0分"这样的事是没有的。并且，就算满分100分只考了50分，只要平时得分是满分，整体得分也有75分。

总之，重要的不是考试分数，而是日常的积累。按照以上做法，学生们就没必要因担心考试分数而让心思全被应试学习掏空了，也就能心情放松地学习了。

考大学不需要什么技巧

就像让学生互相打分一样，我平时一直重视的是"交流式学习"，是"协同作业"。

特别是到高中以后，考试这个问题避之不开，且在这一点上，我们不知不觉就会强调"竞争""对手""孤独"等诸如此类的要素。但我认为，正因为要考大学，才希望孩子们能一起努力，相互帮助，一起跨入大学的大门。

为营造这样的氛围，在第20届学生（1968年毕业）读高二时，我让4个班的学生去做古典作品的共同研究。

各班学生以3~5人为一组，课题由各小组自由拟定。具体推进过程如下：学年第一学期确定选题，暑假期间查阅资料，9月底提交研究报告。

古典作品研究中孕育的同伴之情

学生们"这也不行，那也不好"地一边交流一边研究，最后交出来的选题真可谓五花八门。

从诸如"《论语》人物评论及其精神""与《方丈记》[1]有关的无常观"到"《伊势物语》[2]中的诗歌技巧"，甚至还有"炮打《徒然草》"这样的选题。

全都完成后，学生们要自己动手把多达55篇的论文装订成册，每班一册。

总之，给学生布置了如此繁重的作业却无一人掉队，这真令人高兴非常。

"重要的不是结果本身，而是在抵达终点的过程中倾注的热情，以及相互关照及在关照中产生的深厚感情。"

---

[1] 《方丈记》，作者为日本僧人鸭长明。随笔集。日本中世纪隐士文学代表作。成书于1212年。
[2] 《伊势物语》，日本平安时代（794—1192）初期和歌短篇故事集。作者不可考。

图 4 《银汤匙》课堂掠影

　　就像我在古典作品研究报告的序中所写的一样，我对学生们的期待是，在做某一件事的过程中体味快乐，加深对该事的感情。

　　这届学生的下一届，第 26 届学生（1974 年毕业）也进行了同样的共同研究，但待装订成册已是高三的第二学期了，高考在即。我想，对那一届学生来说，共同研究的重负真的是非比寻常。

　　当然，用草假名读《徒然草》，或者学生们相互协作共同进行古典作品研究等与应试学习本身没有任何直接关系。

但参加过高考的学生们却说："什么东大①国语考试，出的题不值一提。"有考入国文系的学生说："能读那种草假名的大学同学一个也没有。"

看来，仔细研读古典作品、草假名等的学习过程，还是化为孩子们的自信表现了出来。

所谓"学习"并不止于单纯的应试技巧。虽不在意料之中，但这一点，孩子们已经以自己的表现证明了。

走自己的路就好

最初进行古典作品研究的第 20 届学生（《银汤匙》课第 3 届学生）毕业那年，也就是 1968 年，滩校的东大录取人数第一次拿下了全日本第一。比此前一直居于首位的（东京）都立日比谷高中多出了一名，共计 132 人考入了东大。

对于私立学校前无古人的此一壮举，媒体都没来采访就说滩校无视学生个性，推行填鸭式教育，弄得满城风雨。

可实际上，若从录取人数除以报考人数的升学率来看，那滩校早在几年前就高居日本之首了，整体录取人数在几年之内会跃居首位也早在预料之中。

---

① "东大"即东京大学。日本国立大学，效仿欧美于 1877 年创办，被视为日本最高学府。

此外，时至今日，仍有人对"《银汤匙》课第 3 届学生"夺得东大升学人数第一位评头论足，但实际上，一是除我之外滩校有个性的教师比比皆是，二是这样的教师能以自己想用的方式教，这才是滩校教学水平高于一般水平的原因所在。

也就是说，在"《银汤匙》课第 3 届学生"毕业那年，滩校的东大升学人数拿下了全日本第一，当然不只是《银汤匙》课的功劳，而是全校上下为让教育环境好一点、更好一点而一直努力的结果，至于在 1968 年开花则纯属偶然。

说起来，我几乎没进行过什么升学指导，最多是对学生们说"不知道该怎么办了就来找我"。

总之，平时我就告诉学生们，去自己想去的大学，或者是接收自己的大学，这就是最好的选择。"去东京上大学"之类的话我是从未说过的。

滩校每个学年的学生人数在 200 名左右，其中，成绩在百名开外，大家都感觉学习能力稍有不足的学生也有考上东大的。也就是说，考试有靠运气的成分，追随自己的内心，勇于挑战就可以了。

全力攻克弱科的高考应试体验

我自己也经历过高考，算来得是八十年前的事了。中学四年级①的时候老家破产，我便放弃了继续求学的打算，但在班主任老师的斡旋下，我到当地一位医生家里住下了，这才总算得以继续寻求升学之路。

当时，师范类或军校类学校不收学费，对生性懦弱的我来说，部队一样的生活是无法想象的。于是，我就将目标定为东京高等师范学校，即后来的东京教育大学，现在的筑波大学。

既然要准备高考，关键就在攻克弱科了。就当时的师范学校而言，考上之后是没有数学课的，但高考还是要考数学。

志愿入读国文系、汉文系的学生没一个不冲数学挠头的，但也正因如此，如果数学这一弱科能比其他应考生考得好，那考上的概率就大了，所以我就全力以赴地学起了数学。

具体学习方法是，制订好一天的学习计划，然后就抱起厚厚的代数参考书不停地做题。

参考书的编排是由简到难，先给例题，再给简单问题，然后是难题。相较而言，例题和简单问题马上就能搞懂，但难题可就完全不明所以了。

于是，我就只做看上去啃得动的题，碰到难题就跳过去，接着做后面的。因为我想琢磨难题是浪费时间。不管三七二

①　1947年日本《学校教育法》颁布实施前，旧制中学学制为5年。

十一，数学，我就是以这种方法学下去的。

然后，就到了决定命运的高考当天。数学先考代数，一共6道题，我完美解开了4道，剩下的两道有一道拿不准，但好歹得出了答案，另一道的题型从未遇到过，无从下笔。但总之，前面的题目轻而易举就解开了，以至于会想"解得如此完美，没问题吧"，这样一来心情也就轻松了。

此外还有几何考试，其中一道题跟以前学习过的教科书上的完全一样。这才叫不明所以全靠死记硬背的问题呢。是否完美不得而知，总之是把答案写上去了。

就这样，我靠数学与其他考生拉开了差距，考上了东京高等师范学校。

在我们学校，作为应届生考入东京高等师范学校的，我还是第一个，于是我就成了母校的大秀才，在当地轰动一时。

如上所述，在高考这一现实面前，我用的学习方法与"慢"有着天壤之别，这才好歹通过了数学考试。

所以说，像因考试或为课题提交期限所迫不得不通宵学习，不得不抓紧时间应付眼前的考试，或这或那，我都有过。所以，类似这种临时抱佛脚的救急式死记硬背也是没办法的。

只是，这样临阵磨枪塞进去的知识可能回头就忘了，无法为我所用。

立马见效，也可能会立马失效。

这就是我的想法。

二十年或三十年后学生所需要的长期性学习实力和能力要如何才能具备呢？说到底还得像《银汤匙》课所做的一样，对角角落落、枝枝叶叶都抱有疑问，沉下心来全神贯注地思考。倘非如此是很难奏效的。

观点聚焦：像"玩"一样地"学"

①对理所当然抱有疑问。

②所谓学习，就算有时毫无意义，有趣就可以了。

③更加有意识地"跑题"试一试。

④创造环境让学生放心，说、写无顾忌。

⑤较于考试分数，以平日积累为重。

⑥体味一起完成一件事的过程，彼此加深感情。

⑦应试技巧与学习是两回事。

⑧考试有运气成分，追随内心，勇于挑战。

⑨临阵磨枪的死记硬背实属无奈，但所得知识可能回头即忘。

⑩立马见效，也可能会立马失效。

第二章

国语能力乃生活能力、学习乐趣之源

——『读』『写』平衡是关键

"多读"让我邂逅命中注定的一本书

多年从事国语教学工作的我可以明确地说，国语能力是一切学问的基础。

文科就不用说了，就算是数理系，首先一点，若理解不了说明及设问等，一切都无从谈起。所以，一旦锤炼好国语能力，对数理系科目的理解能力也会直线上升。

进而，日常生活中的方方面面都离不开国语能力。也就是说，国语能力即生活能力。理解对方并让对方理解自己，在人际关系的各种场景中，即便你不喜欢，国语能力与阅读理解能力等也要受到生活的考验。

并且，这里所说的生活能力当然包括"早上好""晚上好""谢谢"这类礼节性问候及日常用语，要修得国语能力，就要从严谨得体地使用上述问候和日常用语开始。

只是，就算我们对孩子说"国语能力非常重要"那也无济于事。不是直接告诉孩子，而是引导他们不自觉地明白、感知国语能力的重要性，这才是成年人的职责所在。就我自身的摸索来说，矢志于此的结果之一便是《银汤匙》课。

矢志于提供心灵食粮的课堂

说来三生有幸，我的学生，现任神奈川县知事黑岩祐治先生（第26届滩校生，1974年毕业）出版了《恩师的条件》，小学馆出版了《奇迹教室 H先生和〈银汤匙〉的孩子们》，还有此前在滩校举办的周六讲座等引发了热议，我的国语课也被称为"慢速阅读"，引发媒体大肆报道。

中勘助先生的小说《银汤匙》，这本薄薄的文库本只有200页左右，学生要花三年的时间去阅读吸收，虽是国语课，但若作品中出现了放风筝的场景，我就会让孩子们到外面放风筝；出现了杂粮点心，我就会让他们在教室里品尝……

这样的课堂确实够独特，但当然，在《银汤匙》课开始之初并没有"慢速阅读"这样的词汇，我自己也毫无成为"慢速阅读"先驱的意识。我只是单纯地想，如果自己的课堂不止于阅读教科书，而能成为自由的国语课堂就好了。

而之所以将读书置于授课的中心位置则源于自己的一个宏愿，一定要想办法让自己的课终生留在学生心里，成为支

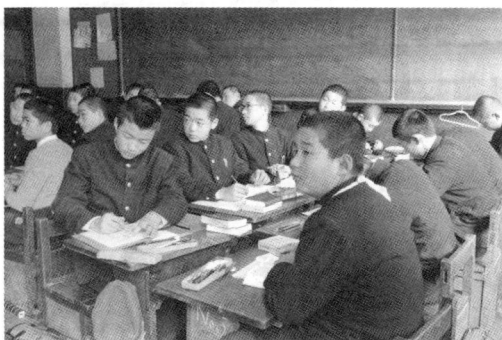

图5　《银汤匙》课堂掠影

撑他们精神生活的食粮。这也是因为，日本加入战争，在战时体制下很难开如己所愿的课。就在那些日子里我开始重新思考，对学生而言，自己的课又有多大的影响力呢？我回想了自己读中学时的国语课，虽说想起老师时会涌起一股亲切与怀念，但用过什么样的教材、授课是以什么方式进行的等，却完全想不起来了。最终想起的是《徒然草》中仁和寺和尚的故事很有趣，仅此而已。

这让我自己都感到惊愕。尽管老师们站在讲台上拼命教书，可一旦学生毕业，他们心里却什么都没有留下，作为教师，是不是没有比这更让人感到徒劳和枉然的？

从记忆中苏醒的小学时光

"那到底该怎么办呢?"

包括选取教材在内,就在我为国语课该怎么上烦恼不休的时候,读小学三年级时的国语课从记忆中苏醒了。

当时的国语教师是加藤先生,他才真正是不用什么国家指定教材,而是读英雄豪杰笑傲江湖的评书故事给我们听,真田幸村①、猿飞佐助和雾隐才藏②等,故事生动有趣,引人入胜。所以我就想知道更多,想自己读一读,于是就"买书""买书"地死缠着母亲不放。也就是说,加藤先生不读教材读故事的国语课,正是我以书为伴的人生起点。

并且,即便是长大成人后,我不但还记得那些故事,就连一些小角色的名字如塙团右卫门直之③等都牢记在心。

所以我就想,如果我也用这样的故事作教材上课,那这些内容是不是就能永远留在孩子们心里了呢?

---

① 真田幸村 (1567—1615),本名真田信繁,日本战国末期武将,以其骁勇善战被誉为"日本第一勇士"。
② 猿飞佐助、雾隐才藏,日本近代文学作品中虚构的忍者形象。
③ 塙团右卫门直之,日本战国时期至江户初期武将,出身、禀性不详。

读书竞赛开启慢速阅读之路

当然，跟这一想法同等重要的就是邂逅《银汤匙》。直到今天我都认为，作为慢速阅读的教材，再没有比《银汤匙》更合适的了。并且，如果没有这一邂逅，我的国语课堂也将全然不同。

《银汤匙》是无可替代的，而与之邂逅则是缘于1934年到滩校任教后与朋友展开的读书竞赛。

实际上，在到滩校之前，即在东京高等师范学校读书时，我几乎没有机会去读喜欢的书。因为我只是个没钱花的穷学生，就读四年期间，前面两年做家教，后面两年又作为助手编纂有全世界最大汉和辞典之称的《大汉和辞典》①，忙得不分白天黑夜，不要说读书，就连课业的预习、复习时间几乎都没有了。

所以，说到真正潜心读书，我比一般人都要晚一点，是从东京高等师范学校毕业来滩校任教之后开始的。刚好当时有个朋友在京都女子师范学校工作，是个大书迷，不停地写些读书感想寄给我，"这本书太有意思了。那本书真是不

---

① 《大汉和辞典》被誉为世界最大型的汉和辞典，所收录字词包括来自《诗经》《论语》《孟子》《老子》《庄子》等传统经典及古代、现代书籍中的大量熟语。

错"等。

读着这些感想，我那不服输的劲头也上来了，抱起文学作品就读了起来。我们的读书竞赛就此拉开，就像为了弥补自己学生时代的缺憾一样，天天四处搜集之前没机会读的书看，看完就与那位朋友交流感想……

就这样，在学生时代"夹生饭"的反作用力推动下埋头读书的我邂逅了中勘助先生的《银汤匙》。因被这本小说迷住，我又去找他的其他作品来读，读着读着我就完全为之心醉神迷了。最终结果，就是把他的所有作品都读完了。

是的，说起来，后来"慢速阅读"国语课之所以诞生，当初的"乱读"与"多读"立下了不小的功劳。

图 6　桥本武老师指导学生学习

不求正解，享受思考

日本战败后，教科书几乎全被涂黑，根本用不了，且因物资匮乏，用什么教材就只能教师自己想办法了。

在这种情况下，我下定决心将教科书扔到了一边。而作为替代，我想赌一把，欲用作新教材的就是在读书竞赛中邂逅且旋即被之迷住的《银汤匙》。

《银汤匙》是中勘助先生的自传体小说，由前篇、后篇两部分构成，前篇53章，后篇22章。其行文正如中勘助先生的老师——大文豪夏目漱石极力称赞的那样，散文式笔调异常优美。且因最初是在报纸上连载的，所以各章长度适中，将之用来作为国语教材也恰到好处。

此外，就内容而言，也是以江户市井风情为代表的日式生活景象，且"天干地支""传统节日"这类自古以来的文化习俗等内容，作品中也是俯拾皆是。

我因此想到，只要好好阅读吸收，《银汤匙》不但会让学生掌握涵盖范围较广的各类知识，还能通过增长知识的乐趣，更大地激发他们对国语学习的兴趣。

但若只是把《银汤匙》的内容讲给学生听就没有意义了。

于是，为让孩子们既好玩又深入地学习《银汤匙》，我又制作了一本辅助教材，把阅读的要点放了进去，并取名《〈银汤匙〉研究笔记》。

图 7　初期使用的《〈银汤匙〉研究笔记》

在这本笔记的开头，我提出了如下学习方法。

《〈银汤匙〉研究笔记》学习法

①通读

各章通读一遍，不认识的字查字典。生字的读音要下功夫记住。

②主题

思考各章所写的内容，为各章拟定标题。

③内容整理

各章写了什么，又是以什么顺序写成的，试加整理。

④词意

对于较难理解的词语，研究笔记中给出了解释和说明，要下功夫记住。

⑤应注意的词语

研究笔记中摘出了小说中出现的某些词语，对其意思及用法试加说明。词语中既有妇孺皆知的，也有较难理解的，自己查或向朋友求助，弄明白它们的意思和用法。

⑥短句练习

用第⑤项"应注意的词语"中列出的词语造几个短句，并写下其中的一个。

⑦鉴赏

把你认为表达精彩的部分抄下来，并思考让你心生钦佩的究竟是什么地方。

⑧参考

仔细阅读研究笔记中所列内容的相关事项，有必要记住的要记住。

应有尽有的"跑题"点

比如上面的第②项"主题"，因《银汤匙》各章都没有标题，于是就利用这一特点让学生们自己思考，自拟标题，然后全班学生再一起思考拟定一个统一的标题。但这至多是要让学生们明白，自主思考固然重要，了解他人的想法也很重要，并不是要区分哪一个是正确答案。

下面就让我们以《银汤匙》第2章的开头为例，来看看如何进行相关的学习。

"母亲生我时意外难产，连当时知名的产婆都束手无策，只好请来一位汉方先生，名叫东桂的……（下略）"

实际上，即便是这么短的一段文字也能找出很多词语"跑题"开去。

比如④"词意"中就列入了"知名：名气大、著名""汉方：来自中国的医术"等。

⑤"应注意的词语"中则记入了"产婆"。

而在⑧"参考"中则记入了"汉方医学与神农氏"，介绍了中医的历史；中国传说中的炎帝，即被奉为药神为众生尊崇的神农氏，进而介绍了其对日本的影响。像这样，就会派生出很多的"跑题"点。

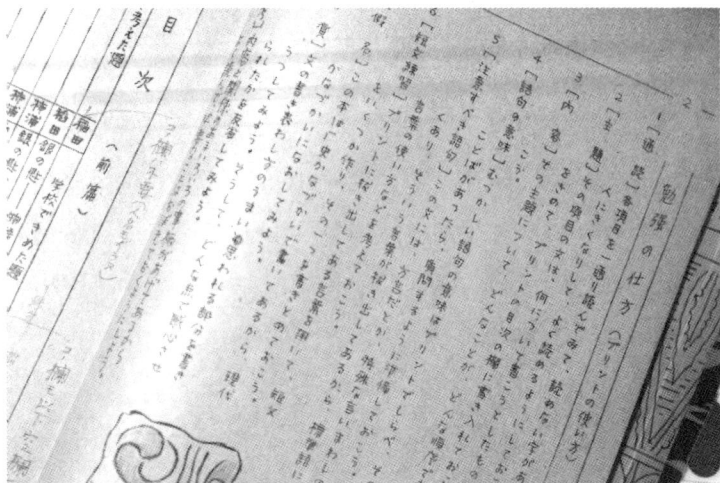

图 8　《〈银汤匙〉研究笔记》中载录的学习方法

　　并且，"跑题"要素的选取标准未必是难词，也并不限于必须了解的词。因为，即便是完全明白的词，让孩子们从不同的角度重新思考也是我的目的之一。

　　比如小说中出现"鼠算"时我是这样解说的："正月，1只雄鼠和1只雌鼠生下了12只小鼠；二月，老老鼠和小老鼠又各生下了12只小鼠；到了十二月，老鼠的数量将会是276亿8257万4402只。"但对"鼠算"一词本身的意思却特意未做说明。

　　"跑题"课的压轴之举，应该是讲到《银汤匙》前篇第

13 章的时候。当"杂粮点心"一词出现时，除以"参考"的方式进行介绍外，大家还在教室里一起品尝。

就像前面举的例子，《〈银汤匙〉研究笔记》中有大量类似的要素，总之就是要让孩子们感觉有趣，或以这些要素引导他们"跑题"。

而我下定决心开《银汤匙》国语课，就是从我任教的第 8 届学生（1956 年毕业）入学的 1950 年开始的。

用《银汤匙》课触动孩子们的心灵

当然，开课之初我并没想过能不能上好，也不确信孩子们会不会接受。事实上，后来打开学生们的课堂感言一看，他们在《银汤匙》课开课之初确有不少困惑。

"怎么学啊，行得通吗?"

"要说原因，说实话，对这本书反而有些反感。原因在于（略），上课用的是并无亲近感的岩波文库。"

就像这名学生写的一样，对于既无教材又无参考资料，只用一本文库本①小说和油印的研究笔记就把课上下去，在有的学生心里，不安的阴霾是很厚重的。此外，就《银汤匙》

---

① 文库本，为方便读者阅读而出版的小开本（尺寸多为 A6）平装书，便于携带，价格较低。

的内容而言，也有学生认为"净写些无聊透顶的事情"。

为检验效果，第一堂《银汤匙》课时我问学生喜不喜欢国语课，结果，回答"喜欢"的占5%，回答"讨厌"的也占5%，剩下的90%则是"说不上喜欢或讨厌，因为设了国语课，没办法才上的"。

图9 学生板书自己查阅的难读词汇及其读音

但《银汤匙》课没开多久，当我抱着油印材料走进教室时学生们就开始鼓掌欢迎了。并且，在《银汤匙》课持续一年，即学年结束时再问学生，"讨厌"国语的5%并无变化，但剩下的95%却都回答"喜欢"了。

到这时我就深信不疑了："既如此，就这么定了！《银汤匙》课可以上下去！"也就是说，耗时一年，开心、有趣，像玩一样地学的课，成形了。

多读书，人生会更为丰厚

我经常看书，对于阅读的意义，了不起的地方，我是这样想的。

人一生中亲身经历的事、亲见亲闻的事自然是有限的，但通过阅读，我们就能了解他人的经历，看到不同的人与不同的生活方式。阅读越多，看到的就越多，所以，读书越早越好。此外，什么书都可以，最重要的是只管埋头去读，越多越好，看不懂的地方跳过去就可以了。

之所以这样想，也是基于我自身的阅读经历。如前所述，自小学三年级与武侠评书类书籍邂逅，我就尝到了读书的乐趣。

到小学六年级，我又开始阅读《东海道中膝栗毛》① 《椿说弓张月》② 或是《南总里见八犬传》③ 等古典作品的原文。

① 《东海道中膝栗毛》，日本江户时代后期戏剧家十返舍一九的喜剧代表作，于1802—1809 年陆续出版。栗毛，栗色马。膝栗毛，以自己双腿代马，指徒步旅行。
② 《椿说弓张月》，日本江户时代传奇小说，作者曲亭马琴，出版于1807—1811 年。小说讲述了镇西八郎源为朝前往琉球开创琉球王朝的故事。
③ 《南总里见八犬传》，江户时代侠义神怪小说代表作，作者曲亭马琴。

古文嘛，当然有理解不了的地方。

尽管并不全懂，但总之故事很有趣，一直泡在书里也读不够。

等到了中学，这种痴迷状态就更是一发不可收了。刚好又赶上一股"全集热"，就缠着父母买了一套《世界文学全集》。

全集中也有《基督山伯爵》这样妙趣横生的小说，但大多是以描写复杂恋爱为代表的，对初一学生来说是比较难懂的。不过，我还是以初一学生的感性不管三七二十一地读了下去。

之后的事前面已经说过。在东京高等师范学校求学期间，虽因贫穷和忙碌再也无法如己所愿地读书，但自到滩校任教，又重新开始埋头读书了。

即便现在不懂将来也定会发挥作用

在《银汤匙》课上，我会让学生们制作从未做过的风筝，或让他们品尝杂粮点心等。但要了解人们各不相同的生活方式，只有《银汤匙》课是远远不够的。

因此，为让孩子们"从阅读中汲取人生经验"，作为补充，便在《银汤匙》外让他们读了很多很多的书。

前面略有提及的每月一册的读书作业即为其一。指定的书目虽因学年而有异，但整体而言并不限于日本作品，也会选取部分外国文学作品，像勒纳尔的《胡萝卜须》等。

我会为初一学生选夏目漱石的《公子哥》、芥川龙之介的《罗生门》等比较易读的作品。到了初二、初三就会相应提高难度，比如《古事记》、上田秋成的《雨月物语》等古典作品。

对他们来说，一个月时间读完《古事记》《雨月物语》这样的古典作品确非易事，但我一直认为，能懂多少懂多少，就算不懂，只要你通读了全篇，以后细读时就一定会有帮助。毕竟不可能全都读不懂，先理解读得懂的就可以了。

之后，在课堂上讲《徒然草》时则又是精读了，并且是以古人用的草假名彻底消化吸收。进而，我又把正文中的词语逐一分开，让学生在旁边注译为现代语。不加补充语意不通的话，就让学生在相应词语的旁边画线，把需要补充的词语写进去。

如此一来就不只是文章，每个词的意思也都明晰了。

此外，有届学生从高一到高三的三年时间全都是用《万叶集》上的课。当时也是用万叶假名油印下来发给了学生们。不止于此，连岩波书店推出的《英译万叶集》都油印下来让学生们读了。

只读参考书的话，学生自己在家读就可以了，没必要到学校来读，所以我才告诉学生考试也要用万叶假名考。我平时比较在意的，就是要让孩子们感受到课堂中才有的，而参考书里觅不到的妙趣。

先记住再说

每年正月①都按惯例举行的《百人一首》抢牌大赛也是一样的。

这个比赛始于1951年的正月，《银汤匙》课开讲后的第一个冬天。《银汤匙》第18章写了一个小故事，就是主人公被逼着背诵《百人一首》。抢牌大赛即由此而来的"跑题"之一。

比赛的第一个目标就是"其他不管，先记住再说"。

《百人一首》中的诗，你让初一、初二的学生解释也没意义，恋爱这类复杂的事情他们也搞不懂，等长大成人了自然会明白。

更重要的是，不管怎样先把诗背下来，然后抢牌玩，在玩中对诗歌产生亲近感，这才是要害。

---

① 日本自明治维新后，正月由农历改为阳历，仅少数地区至今仍沿用农历过正月。

图 10　学生在教室举行《百人一首》抢牌大赛

　　在教室里举行的抢牌大赛分为团体赛与个人赛。负责诵诗的也是学生，为什么让学生诵呢？从"先记住再说"的角度来看，诵诗也具有很好的学习效果。

　　在大赛中获胜的团队和个人每人发一支铅笔作为奖励，既有在团体赛与个人赛中都获胜而得到两支铅笔的，也有一支都得不到的。有时候，一支都没得到的学生心有不甘，就对得到两支的学生说："你小子拿到了两支，这不公平，给我一支！""一支不行。半支的话就给你。"于是一支铅笔就被一分为二了。在玩中亲近诗歌，学生们认真到这种程度。

图11　《百人一首》抢牌大赛中唱牌的学生

不管怎样，抢牌大赛也好，古典作品阅读也罢，本质都是一样的。相较于释义，先记住再说，好玩就行。即便当时不明其意，但之后，理解的那一刻一定会来的："当时背过的那首诗，是在吟诵这样的事吗？"

总结一下就是以下两点。第一，让学生花时间、花精力去阅读、吸收一本书，以此培养其思考能力；第二，为让学生了解多种多样的生活方式、存在方式，尽量让他们多读。如此，双管齐下，才成其为"真正培养国语能力的阅读"。

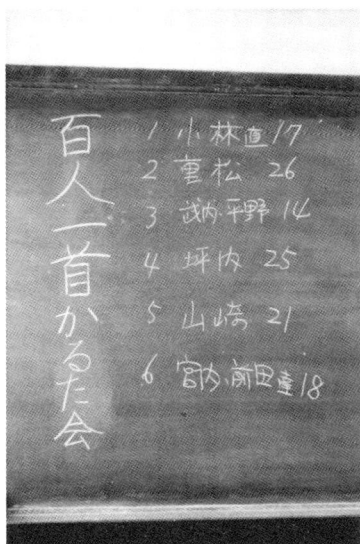

图 12　《百人一首》抢牌大赛比赛结果

写得越多，国语综合能力越强

前面对"慢速阅读"与"尽可能多读"的效果进行了说明。但要培养扎实的国语能力，只靠读是不够的。

实际上，国语能力的关键在于写。

下面就让我们回头看一看前文中提及的《〈银汤匙〉研究笔记》学习法（第31页至32页）。

实际上，只靠读就能解决的只有其中的"通读"与"词意"部分。剩下的"主题""内容整理""应注意的词语""短句练习""鉴赏"以及视情况出现的"参考"，其设计意图都是非让学生在研究笔记中写点什么不可的。

此外，给学生布置的每月一册的读书作业也并非只要读就可以了，每一册都要写出两页纸左右的梗概与内容整理。此外，还让孩子们把自己认为好的地方、心生感佩的表达，或对文中的想法、意见持赞成还是反对态度等写下来。

为什么要对写执着到这种程度呢？因为写可以培养学生的"判断能力""架构能力"与"高度集中的注意力"。这些能力只靠读是无法具备的。

写文章一定会左思右想，"这也不行，那也不行"，在摸索中不断前行。这一过程的反复就会让学生具备"判断能力"，即最终决定写什么。

同时，还要考虑文章的逻辑性与说服力，这就能培养"架构能力"。

当然，没有"高度集中的注意力"，以上操作也是进行不下去的。所以说，写文章可以培养判断能力、架构能力与高度集中的注意力。

进而，写得越多，不知不觉中这些能力也就越强。

写后被老师表扬，更喜欢国语了

其实，以写为重的另一个重要原因是我的个人经验。

应该是读小学四年级的时候吧，那时国语课的一项家庭作业是将课文原封不动地抄到作业本上。放学后，朋友们你到我家，我到你家，拉开了一场场看谁写得快的"赛事"。

写完后我就拿着作业本到老师那里："老师，写好了。"老师就说："哦！干得好！"说着就给我画了 3 个圈。这让我高兴不已，于是写完之后又跑了去，这回，老师在我的本子上画了 5 个大大的圈。

现在想来，老师让我们埋头抄写课文，是为让我们亲身体验作者做过的事吧。事实上，在抄写过程中，我也能在与作者的换位中吟味文章了。

更重要的是，在不断反复中，不知不觉我对写作也不觉得困难了。上作文课的时候，如果老师说"写一下郊游"，那从出门到回家我都能细致入微地写下来，并且，只靠上课时间写不完，还会带回家埋头接着写。写完后把作文给老师看，结果又被表扬说"写得不错"。

如此一来，不只是读得开心，写也有趣了起来，也就更喜欢国语了。

因希望自己的学生也能产生这种感觉，我的课就把相当大的比重放到了写上。

相较于文笔，心情更为重要

就这样，通过课堂和课后作业，我让孩子们写了大量的文章，但并不计较文采如何。我教过的很多学生在社会上功成名就，但记忆中却并非人人都写得一手好文章。

相反，在我眼中，明明有的学生"文章写得好啊！搞不好会成为作家"，却并未走上写作之路。

但不管怎样，能让学生写就让他们写，至少对我教过的学生来说，写，应该不是苦事。

另外，虽与一般意义上的文章有些许不同，我还让学生们挑战过诗歌创作。有一年，我给初二学生布置的暑假作业是读《石川啄木诗歌集》①。通常情况下，家庭作业应是写一下读后感，但那年，我却让学生先读完，然后写出 10 首以上的诗歌，且交上来的诗歌也是意外出色。欣喜之余，我就决定制作学年诗集，结果，到这届学生高中毕业前竟出了 16 册之多。

---

① 《石川啄木诗歌集》，日本近代诗人石川啄木（1886—1912）所作。石川啄木的诗歌扎根现实，对日本诗坛影响深远。

出诗集的时候，我一直说这样的话："不比诗歌创作的长短优劣，只看为诗歌创作付出的努力。"

我没有要把孩子们培养成诗人的想法，重要的是培养写诗时所需要的"选择能力""判断能力""注意力"以及"对语言细致入微的感受能力"。

我因此决定，不管诗歌优劣，也不管是什么样的诗，每人一首收入诗集。并且，只写了一首也好，10 首以上也罢，学生的平时分数并无差别。

为什么呢？因为我考虑到，虽说有的孩子只写了一首，但未必就是偷懒；相反，写诗时付出的努力可能更多。

可在家中进行的简易"读""写"训练

不管怎样，就写作来说，不写，学习再多的写作方法也无济于事，永远写不出像样的文章。并且，不写，也无法具备真正的国语能力。

运动员会不停地进行训练，技术人员会不懈地磨炼技艺。同样地，写作既是一门技艺也是一种习惯，所以，如果不实践就无望于提高。

在提高写作能力方面，我的想法就是那句"百论不如一作"。

写，写，不停地写，直到把对写的抵触感写到烟消云散，写作方法才会自然掌握。

不过，这样的写作练习在家里也可以进行。如果是整理书的梗概或写读后感，那读什么书都可以。此外，也可以给某人写写信，若书信往来持续下去，那就不仅可以练习写作了，其积累本身也会成为对自己而言非常珍贵的一部个人小史。

只是，无论哪种情况父母都不要这样或那样地干涉，这一点非常重要。父母只需要为孩子提供自由读、写的时间和环境。还有，如有可能，就试着跟孩子读同一本书。在此基础上认真去读孩子写的文章，仔细寻找应该肯定的地方，表扬孩子就可以了。

像我，电子类的写作工具如电脑、手机等根本不会用，手写是没有办法的，但我认为，如有可能还是不应放弃手写，手写会有更深刻的记忆。此外，手写应是更易于自我表达的。

总之要时刻提醒自己，读书时不只是读，要与写配套进行。

如此，面对国语与读书的心态以及努力时所焕发出的能量就一定会发生变化。

图 13 《银汤匙》课学生板书场景

观点聚焦：反思"国语能力"

①国语能力是一切学问的基础。

②日常生活的方方面面，国语能力必不可少。

③能够体验到增长知识的乐趣。

④司空见惯的词语也要从不同角度重新审视。

⑤通过阅读了解自身无法体验的生活。

⑥相较于释义，先记住、多积累总是有好处的。

⑦不懂没关系，总之要多读书。

⑧培养国语能力的关键在于写。

⑨不要在意文章优劣，尽最大可能多写。

⑩即便是电子时代，也不要放弃手写。

第三章

『教』中看到『学』的本质

——在与孩子们的碰撞中激发其个性

长达五十年的滩校教师生涯始于偶然

1934 年我到滩校任教，当时 21 岁。此后五十年，我一直站在滩校的讲台上。可能，在同一所学校任教长达半个世纪的人也并不多见吧。

虽说我与滩校共度半生，但实际上，当初来滩校也并非本愿。

东京高等师范学校毕业在即，身边的同学陆续确定了工作岗位，但我却一直定不下来。不过，因当时学生就职由相应教员负责，我也并不着急，心想总会有个去处，可直到新学期都开始了我的去处仍没定下来。

终于等到教员来跟我打招呼了："私立，去吗?"不知为什么，我把"私立"错听成了一个国家的名字，就满不在乎地想："在国外的日本人学校找到职位了吧。"于是答道："好的。我去。"

当然，一扭头就知道自己搞错了。不管怎么说吧，滩校，是一所我并不了解的学校。

只是，就当时的常识而言，东京高等师范学校是全日本师范学校中的 No.1，学生毕业后到公立学校就职，将来当校长，如有机会就升任各地区教育行政的最高职位——督学（教育行政官员）。这，才是通常的就职升迁之路。

但私立学校呢？较于公立可就明显等而下之了，也没有退休金、养老金等，所以就算去就职也非久留之地。这就是当时的社会认识。负责学生就职的教员一边劝我说滩校是一所有前途的学校，一边安慰我说只要坚持两三年就把我调到公立学校去。

当然，我刚来的时候，滩校也并非今天的高考名校，接收的多是进不了神户一中等实力强劲的公立校的"掉队生"。实际上，在我任教第一年即将结束的那个冬天，就遭遇了如此学校才会发生的令人震惊的象征性事件。

那天本是节假日，但刚好是统考期间，我在办公室里。结果，突然就听学生喊："老师！我被人捅啦——！"喊声未落，学生已经按着侧腹进来了。仔细一看，学生腹部竟然插着一把刀子！

看上去是因学生之间吵架而导致的暴力事件，但我内心委实按捺不住地想："这！我来的学校，真是太可怕了！"

让新老师想大干一场的"放任主义"

基于上述情况，说实话一开始也不是没有想过，"反正，不多久我就去公立学校了"。

但随着在滩校逐渐安顿下来，心也慢慢沉下来了，竟然有了一种舒适感。原因之一是自己怕冷，而这里气候温暖。而更重要的原因在于，学校为教师们提供了这样一个环境：让你感觉到教学非常有意义。

当时的滩校刚创立没几年，但第一任校长真田范卫先生却满怀"要将这所学校打造成日本第一名校"的梦想与气魄，跟大学刚毕业、经验全无的我第一次见面就警告："教师，不做十年，顶不了大梁。"

可想不到的是，他虽这样说，却从未对我这个新教师这样或那样地下过指示，甚至连我怎么上课都从不过问。这在一定程度上证明，作为一名教师我被接受了，但话说回来，如果说他是无条件信任一个初出茅庐的年轻人，那也未必。

后来我想到的是，真田校长并非不给予任何指导，只是他的指导不是用嘴讲出来的，而是"无言的指导"。

如果一个新老师一会儿被指示，一会儿被警告，"要这样干!""那样不行!"。那新老师就会想，干脆，你怎么说我怎么做，这就万事大吉了。但反过来，如果上面什么指示都没有，就算你不喜欢这样，那也不得不去思考最好的教学方法并加以实践了。

因此，对出于喜欢而决定的事我能像辕马一样全力推进，除自身的性格因素外就完全得益于这种无言的指导了。

淘气包学生与"兄弟吵架"

此外，跟今天一样，滩校当时就采用教师跟班制，即每届学生入学后，各学科老师要一直把他们带到毕业。当时是旧学制即五年制，即五年里这届学生的国语课全都落到了我肩上。

虽然当时使用的是检定教材①，但从选取辅助教材到如何分配现代文、古典作品、汉文的教学时间，都是由任课教师自行决定的。

这样一来教师就可以按照自己的设想制订教学计划了，但反过来，当然要负起与这自由度比重相当的责任。所以当时，对自己能否走下去是毫无确信的。就是在这样的状态下，我在讲台上站了下来。

---

① 由日本文部科学省（部分职能相当于中国教育部）检定的教材。

"首先，我非要独当一面不可。就算能绞的脑汁并不多，那也只有努力了！"

作为一名新教师，鲁莽冒失不在话下。且从年龄来说，那些学生就跟自己的弟弟一样，一个比一个淘气，包括后来成为大作家的远藤周作[1]都是当时的淘气包之一。

对这些孩子，我有时会严厉地斥责，一腔热血地教导，那场景活像兄弟吵架一样。且因一切都落到了自己肩上，也就无须顾虑前辈教师怎么想、怎么看，完全可以根据自己的设想自由上课。再有，因是私立学校，也没必要对政府的官员点头哈腰……。本是根本没想来的滩校，可不知不觉中我就彻底"沦陷"了。

时间在忙碌中飞逝，曾与东京高等师范学校教员约定的两三年时间眨眼过去，但调往公立校之类的心思却已不见了踪影。实际上，也确有公立学校来打招呼，但我已经没有换工作的念头了。

就这样，当真田校长所说的挑起大梁所需的时间——十年过去，战争结束了。以此为契机开展的战后教育制度改革，让滩校，也让我的教学发生了重大变化。

---

[1] 远藤周作（1923—1996）是日本著名小说家、文学评论家和剧作家。战后日本第三代作家代表人物。其作品以日本天主教徒的独特视角闻名，渗透着对生命、人生、社会、文化、历史的深刻思考和沉重拷问。小说代表作有《沉默》《深河》。

摸石头过河：通往成功的捷径

战后教育制度改革对滩校的影响是多方面的。

比如，男女同校的新式公立学校如雨后春笋般涌现，且因公立学校推行学区制，各地区学生的升学去向受到了限制。因此，从其他公立学校转校而来的学生，旧制度下会报考神户一中等学校的学生，便开始汇聚到像滩校这样的私立学校来了。当然，当时的滩校也确已在一定程度上受到了社会的好评，且这种好评也已渐趋稳定。

这样的动向与所有教师的努力相辅相成，滩校的教育质量快速提升。

伴随着教育民主化的推进，从前的教科书几乎全被涂黑，根本用不了了。这就有了前面所讲的下决心要用《银汤匙》自制教材的事情。

那是不是想到之后就立即着手开课呢？不是的。在踏出那一步之前，我准备了整整一年的时间。这也是因为，如果使用国家指定的教材，那只要按学习指导纲要讲就可以了。纲要的教学指示很详细，对"这一章用几个学时"，"这里是重点，教学时注意这几点"等都有详细说明，所以，只要按照指导纲要讲，老师就都能把课上下来。但要用自己独有的教材，那到底如何使用才好，就连指导纲要都不得不亲手制定了。

就这样，一确定要用《银汤匙》作教材，我便以指导纲要为标准，开始制作名为《〈银汤匙〉教材性研究》的笔记，开始琢磨课该如何上。

与孩子们一起犹疑烦恼

《银汤匙》这本小说我曾读过很多遍，可要做教材了仔细一读才意识到，不明其意的词语比比皆是。并且，故事背景设定为地处关东的东京市井，我却是关西人，有些词连到哪里去查都不知道……

如果有的词搞不明白，根本不可能作为教材在课堂上用，于是，每与无法理解的词不期而遇，我就心一横，眼一闭，直接写信向作者中勘助先生求助。

虽然我是国语教师，但不知道的词仍有很多。比如"酱渣"，就是玩的时候顺便拉去参加的孩子，或像"神田大火"这样的事件等。

就这些词询问中勘助先生时，先生的答复非常详细，就算词典里有，他也绝不在回信中说"词典里有，自己查一下"

图 14　20 世纪 50 年代的滩校

这样的话。

就这样摸着石头过河，前后花了一年时间，《〈银汤匙〉教材性研究》才终于完成。于是，从 1950 年入学的新学制第 8 届学生开始，以《银汤匙》为教材的国语课开讲了。但若上课时只让学生读一下《银汤匙》那就没意思了，为让孩子们亲身体验我制作笔记的过程，便基于《〈银汤匙〉教材性研究》制作了填写式油印材料，并作为辅助学习资料分发给学生，题为《〈银汤匙〉研究笔记》。

我希望，孩子们也能体会一下我不断摸索的过程，如果他们知道"老师也烦恼过"，那在步入《银汤匙》所描绘的世界时，会更为认真地思考词意、故事梗概或印象较深的句子、段落等。

当然，问过中先生的，我会在油印材料中明确标记。比如：

【词意】

鸠虫：来自中先生的解释——所谓鸠虫，可能是飞虱的一种，色浅绿，小巧可爱，形似鸟盔①。

从结果来看，这一做法非常成功。因为对学生来说，这样的油印材料就是激发其对语言、知识产生兴趣的催化剂，甚至有的学生模仿我，直接写信向中先生求助。而中先生呢？即便是来自学生的问题也总是亲切、详细地答复，而绝不会说"去问老师"，或者说"词典里应该能查到"之类的话。于是，学生们一收到回信就欢天喜地地跑来给我看："中先生太亲切了，他给我回信啦！"看过之后，虽然感觉有的学生的问题似乎没必要问，但要打击了孩子们的积极性也就本息全无

----

① 舞乐中用的头盔。

了，所以也从未说过"你们没必要去问这种问题"之类的话。

但学生请求中先生解释的词语中确实有一些是不需要说明的。比如：

【词意】

珊瑚树：中先生给学生的答案——珊瑚树是有叶木，与交让木相似，结红果，很漂亮。

就这样，孩子们不是听老师讲课，而是不自觉地"参与"到课程中来了。他们不自觉地乐在其中，不自觉地享受学习，如此，就能不知不觉地学习了。硬逼是绝不会产生这一效果的。

《银汤匙》这部小说就像连作者都卷入其中的相扑场，老师是裁判，学生们就在这相扑场中相互碰撞。如此而成的"作品"，就是《银汤匙》课。

"全情投入"定会触动心灵

《银汤匙》本就是中勘助先生的自传体小说，描绘了主人公从幼年到青年的成长故事。所以，学生们在阅读过程中更容易将自身经历与主人公的心情交织到一起。并且，跟着《〈银汤匙〉研究笔记》查阅不懂的词，或给各章拟定标题等做法，也不只是在体验我的摸索过程，还会产生一种化身为作者的错觉。

　　但就像前文中说过的，开课之前，《银汤匙》也好，《〈银汤匙〉研究笔记》也罢，学生们能在多大程度上接受我心里是没底的，好在当我抱着油印好的材料走进教室时，学生们都很开心。

　　只是，我的国语课也并非只是《银汤匙》课。刻印材料，阅读滩校一个年级约150人的读后感与梗概归纳，都要花费相当多的时间。再就是让学生写诗，学生写了我就得修改，或为制作诗集而付出心血。结果，包括周末在内我自己的自由时间也全搭进去了。

　　可能别人无法理解，如此耗费时间与精力的课坚持到底的结果是什么，是让我模模糊糊看到了教师这一职业的特性。这就是，教师工作是作为一个人与学生进行的心灵碰撞。

　　因自己喜欢，就全力以赴刻印到深夜；周末也搭进去浏览孩子们的读后感……。你的全力以赴，必会通过那些油印材料和精彩的课堂让学生感知到。

　　教师不断自我磨炼的身影定会触动学生的心灵。看到学生们学习时开心的样子，我感觉到了这一点。这一点也不限于教师，而是适用于所有"教"的人——父母、前辈、上司……，莫不如此。

图15　桥本武老师课上答疑

"跑题太远"的"高度评价"

直到今天都常有人问我："用一本《银汤匙》上课，不会招致家长的反对或抱怨吗？"

实际上，学生、家长，包括周围的同事，反对开《银汤匙》课的人一个也没有。首先一点，在遭到反对的情况下还准备到凌晨两三点？煎熬到如此程度的工作没人会做。只是，当时的纸、墨质量都不好，再怎么用心，油印的颜色都有点浅，于是就有家长到校长那里抗议："上课用的油印材料这么不清楚，儿子眼睛坏了怎么办？"当然，这样的抗议就一次。

我还是被校长叫了去，但他也只是对我说："有家长来，说了这样的话。"但像"别做了""印清楚一点"之类的话一句都没说。"我本身是很注意的，可用的东西不好，拿不出精美的油印材料。"这事，就在我的这句回答中结束了。

在滩校，每一位教师的个性与风格被尊重到这种程度。

《银汤匙》课开讲那年，即 1950 年的 10 月，东京教育大学（今筑波大学）的山岸德平教授到滩校来听课。听完课之后，他的感想是这样的："跑题跑得……是不是有点太远了?!"

这句话的原意当然是批评，但对我来说，这正是《银汤匙》课的重点所在，所以我就解释为自己的教学特色得到了教授的认可。当然，我也没有因为这句批评就改变自己的授课方式。

我只是一名初高中国语教师，既不是教育学者也不是评论家，不是在践行某一教育理念，而是"行动在前"，只是在用自己喜欢的方式做自己喜欢的事，如此而已。并且，自己刨根问底的过程，又无惧无畏地让孩子们亲身经历一遍，这，就是《银汤匙》课。

但话说回来，课能上得如此自由也是因为偶然来到了滩校。如果从东京高等师范学校毕业后去了公立学校，根本就不可能有什么《银汤匙》课吧。

如此想来，入学与就职决定一切的悲观思想就未免为时过早了。

人活一世，会在什么地方发生什么样的奇遇，时候未到，谁也不会知道。

谁都要接受自由与责任的洗礼

最近虽已有很大变化，但长期以来，一说滩校就是"书呆子""死记硬背""无视个性"等标签。1968 年滩校考入东京大学的人数跃居日本第一，这些标签就突然被媒体贴上了。且不仅如此，作为对这类报道的"润色"，相当离谱的流言蜚语也煞有介事地散布开来：滩校的体育课时间也用来应付高考；滩校既无美术教室，也无音乐教室；为了不让孩子们把这些事泄漏到校外而采取封口措施；等等。

并且，包括我在内的滩校教师们编写的参考书刊行时，刚巧赶上滩校的东大升学人数跃居日本第一，结果社会上就又有了说法："成了日本第一就以为会大卖，于是就紧赶慢赶，粗制滥造的吧。"

所有这些，没到学校采访就写出来了，也就是说，当时的滩校成了媒体的绝好猎物。但实际上，滩校自由到什么程度前面已经说过了，正因有这样的环境，我才得以毫无顾忌地与孩子们进行个性间的碰撞。

始于入学考试的初识

我与滩校新生的初识应该始于入学考试。战后不久，日本推行新的教育制度，之后长达三十年我一直在参与滩校的入学考试。

出题的时候我特别在意一点，不出选择题而出记述题①。孩子们的性格与想法千差万别，我的看法是，先让各类学生入读滩校，之后在与滩校育人方针的对话中成长就可以了。当然，也不能因此就随便降低考题难度，于是我就以报纸的报道为题材，出一些"需要思考的中考题"。

话虽如此，但每一年不到开年我都无心出题，于是，一年又一年，总是在最后期限的逼迫下"煞费苦心"……

实际上不只是国语，我还长年从事其他科目的试卷制作工作。当时滩校对中考有几项规定，如务必保证阅卷的绝对严正，再小的错误也不能漏网，极少数人即可高效处理等。因有泄题之虞，要一丝不苟执行这些规定就不能委托校外印刷试卷，为保万无一失，就只好在校内印刷试卷了。

---

① 记述题，相当于中国语文考试的阅读理解题，根据文章原文回答相关问题。

前文说过，当初的复印技术只有刻版油印一种，而说到刻版油印那就是我的专长了。因此，每逢入学考试我都被指定为试卷印刷人，每年的第三学期也就不那么好过了。对孩子们来说，中考是挑战脑力极限，但对要刻版油印所有科目试卷的我来说，却是挑战体力极限。从考试的前一天一直到成绩公布，我就睡在学校里。试卷的油印是在考试前一天，算数还好，问题比较短，但国语不同，问题本身就很长，刻版油印非常累。

并且，中考试卷校长还要亲自过目，看得非常仔细，并提出各种各样的意见。有的年份，等试卷最终确定都已是考试前一天夜里的十点以后了。到这时候才开始刻版，那就只能是通宵达旦了，所以考试当天我就像踩着棉花一样把试卷送去考场……

后来，印刷技术不断进步，也没必要刻版了，但战后一段时期，从《银汤匙》《徒然草》等油印材料到中考试卷，我与刻版油印之间的关系是无法割裂的。

时代会变，孩子们的个性不变

就这样，在所谓"中考大战"中胜出而进入滩校的几乎全是成绩好的孩子。

前文也曾说过，在原来的教育制度下，滩校的很多学生都是进不了公立学校的"落后生""调皮鬼"。但随着时代的变化，精挑细选的优秀学生多起来了。相反，调皮捣蛋的学生也越来越少了。

但即便如此，要说学生中多是不谙世事的书呆子那也太过绝对。比如我教过的学生中，从东京大学校长到神奈川县知事、医生、律师、大企业领导层、媒体人士……，正可谓人才济济，但无论哪一个，都是基于自己的意志，走自己的路。还有长期以来一直为我的书画插图的插画家，尽管从滩校毕业后考入了京都大学法学部，但并没到公司上班，最终选择了自由职业者的道路。最近，也有由滩校初中部到滩校高中部再到京都大学法学部，毕业后却成了落语家①，用自己擅长的英语表演落语的，但如何用英语做包袱抖包袱我就搞不懂了……

就像我举的例子，每个学生都有自己的特点，但却无不思维灵活，充满个性与潜力。要让其个性绽放，重要的是成年人要想办法促成他们在自由之风中身心舒畅地度过每一天。

---

① 落语家，落语职业表演者。落语，始于日本江户时代的口头表演艺术，类似中国单口相声，一人饰多角色，最后一般会"抖包袱"。

严厉批评破坏和谐者

只是，自由，我在前面提到了好几次，但无须多言，自由与随心所欲、为所欲为全然不同。特别是在学校这种集体生活的地方，就需要遵守纪律。而走向社会后，就需要遵守意义重大的"规矩""规则"。

我是国语教师，也是班主任。所以，站在这样的立场上，稍微夸大一点就是要指导学生的生活。

图 16　学生们在课堂上自由讨论

在生活指导方面，我的方式很简单，就是"赏罚分明"。好人好事就表扬，坏人坏事即不遵守纪律、给别人带去困扰的就严厉批评。

最有代表性的例子就是迟到。就像刚才说的，大家在学校里过集体生活，一人迟到就会影响全班。

再就是我平时一直对学生们说，对别人说话时要注意表达方式。举个例子，就算生朋友的气，生气前也要先用脑子想一想，"这话说出来，对方会这样想的……"。

遵守时间，哪怕是一秒也好；三思而后行，行动之前先要想一想。这种事，只要意识到，谁都做得到。做不到，且是三番五次，我就会训斥学生："到走廊站着去!"要么就用我偷偷练过的拳头梆地敲一下学生的头顶。

明事理，享自由

还有一件事。20世纪60年代中后期，全日本刮起了一股学潮。这可真是一场由学生发起的争取自由与自治的斗争。这股潮流将滩校也卷入其中，学生方常对校方喊话。

自由着装便是其中一项。当时的学生为争取自由着装而掀起了声势浩大的学生运动。听了他们的要求我就想："在我们滩校，就是让学生自由着装也没什么问题吧。时代不同了，接受学生的要求也没什么不可以。"于是，我就在教职员工大会上提议："自由着装不挺好的吗?"结果，听说此事的学生会跑来说："老师主动认可自由就不好办了，要以老师答应了学生要求的形式才成!"

我说可以,就这样接受了学生的意见。滩校校风本来就自由,就算学生自由着装也不会给谁添麻烦。我的看法是,只要不给他人添麻烦就可以尽情享受自由。就这样,滩校学生的自由着装实现了。

但想不到的是,自由着装得到认可后不久,就有学生穿着火红的衣服来学校了。要是现在,穿红衣服的孩子要多少有多少,但对当时的普遍意识而言就有点过了。再怎么自由,学生还是该穿得像学生才对。

这种情况很让人头疼,但也不能漠视。可话虽如此,面对这样的孩子,劈头盖脸地训斥"不准穿红衣服"也只会以招来反抗而告终。于是我就劝导:"年轻人有个长处,这就是年轻。在这个长处之上再加个长处:显眼的着装,长处碰长处,可就成短处喽!艺人的穿着之所以华丽,是因为整个舞台都要由自己一个人来负责,非引人注目不可。但普通人平时不能穿成那样吧?"

讲完这番道理以后,从第二天开始,那个孩子就穿着普通的衣服来学校了。

最重要的是,滩校并没有针对学生的成文的要求与规定。也可以说,乍看之下,滩校的环境会让人误以为是完全自由的，感觉可能跟现在的社会相似。但也正因如此，面对并不合适的自由，浅显易懂地讲道理，让对方心悦诚服才是最有效的。

顾及他人感受是成年人的标志

对进入青春期的男生来说，既是一大烦恼又在迸发希望火花的就是恋爱，而恋爱中的自由与束缚也是一纸之隔。当然，作为人，恋爱是自然生发的感情，但自由过度也值得商榷。就是说，用《银汤匙》上课可以"跑题"，但恋爱就不能"跑题"了。

我经常对学生说："心情再激动，哪怕只是一瞬，开口前也要想一想，这样说可不可以。……恋爱也一样，不要不假思索地付诸行动，哪怕只是一闪念也要在脑子里想一想，这样做好不好，那样做不要紧吗？"

面对恋爱时的这一姿态实际跟我在校园生活中同学生讲的是一样的。恋爱也是人际关系的一种。所以，对以自由为尚方宝剑搞自我中心的学生必须严正警告。

满脑子只有自己那就还是个孩子。己所不欲，勿施于人。能自然而然为他人着想了，也就长大成人了。

观点聚焦："教学相长"

①若无任何指示，就只能自己思考学习方法。

②摸石头过河不隐瞒，让孩子们一起体验探索的过程。

③由衷地感到开心、有趣，孩子们会不由自主地学习。

④成年人应以自己的人性、个性与孩子碰撞。

⑤若人生中发生的事出乎意料，那就将你的体验讲出来。

⑥孩子们的性格与想法千差万别。

⑦设法让孩子基于自身意志开拓道路。

⑧成年人要为孩子们创造让其感到身心舒畅的成长环境。

⑨一定要告诉孩子，自由不同于放任。

⑩能为他人着想是长大成人的标志。

第四章

处处留心皆学问

——望将来的成年人知道

学习因头疼才有趣

前面说的都是在学校、教室里的学习，但实际上，无论在学校里还是在社会上，只要活着学习就必不可少。学习与成长是一枚硬币的两面，人因学习而成长，成长之后又要开始新的学习。

正因如此，要学那就开心、有趣地学。

但当然，不管别人怎么说，几乎所有人也都会这样想："开心、有趣？头疼的事，怎么做都无趣。"

的确，有些事明明看着就头疼却不问青红皂白让自己去做，这的确有点难，但若放到一边，那就永远都是自己的短板，这就有点可惜了。因为，在你头疼却为之不懈努力的过程中，不知不觉就不再头疼了，甚至反而会喜欢起来，这种事实际上很常见。

为什么会头疼？是什么部分让自己头疼？从什么时候开

始头疼的？若一直头疼下去，将来会是什么结果？像这样，首先要直面它。哪怕只是这样直面都有可能找到克服的方法，或意识到该如何面对它。

比如我在前面说过的，考进东京高等师范学校前我就全力以赴地学习过让我头疼的数学。为什么要这样？因为只要想办法提高数学成绩，就可以与其他考生拉开距离。而不断学习的结果就是，我坚信自己能考上。

做一本自己的教材

或许令人难以置信，在成为国语教师以后，语法的讲解、在人前讲话这类事都很让我头疼。

也是因为在东京高等师范学校读书时很难找到时间学习，当作为一名新教师站上滩校的讲台时，我便立即感觉到自己的积累不够。尤其是让我头疼的国语语法，到底该怎么教才好着实很令人苦恼。

从根本上来说，要掌握语法，就有必要把各类规则记到脑子里。可这对我来说是一件非常麻烦的事。

尽管如此，在学期之初总算给糊弄过去了，但我知道，随着学生学习水平的提高，总有一天，我的语法知识不够是会被他们看穿的。于是，在赴滩校任教第一年的暑假，我便下定决心从零开始学习语法。

我先把语法的教材、参考书摊在桌子上对照着看了看，结果发现，自己在语法面前就是个差生。而学习语法教材时，我也有意识地注意以下几点：怎么样能把语法讲得简单易懂？有疑问的地方怎样解释才能通？进而我还会想，作为老师应该如何教，作为学生可能会对哪里产生疑问，克服头疼的关键又在哪里……。我就是这样一边思考一边学习的，像在制作一本自己的教材一样。

结果，一直盘踞在脑子里的"阴云"终于慢慢散去了。正所谓教学相长，站在教、学双方的角度，原本杂乱无章的语法最终成了一条潺潺流动的小溪。

其后，基于这次"特训"，我居然完成了一本国语语法参考书。不说别的，既然是曾为语法头疼的我所写的，至少应该比一般的语法书容易懂。

结婚典礼上的"滑铁卢"

步入社会之后，需要当众讲话的场面会越来越多，在学校里工作也是这样的，为此头疼的人也非常多。

没什么好隐瞒的，我以前就很为之头疼，且到现在也并不擅长。

教了五十年国语的人居然不善于当众讲话，或许没有比这更令人诧异的了。当然，如果是我的本职工作——讲国语课，那就是让我讲五十分钟我也依然滔滔不绝，但要在课堂之外的其他场合，要好好说一番话就很为难了。明确要说的内容，还要让对方听明白，这对我来说是相当吃力的。

有一件事至今忘不了，这就是我年轻时候遭遇的一次"滑铁卢"。

这事发生在一位毕业生的结婚典礼上。本来我只是单纯作为出席者之一去参加典礼，却突然被告知要当场说几句祝福的话，我当然是没有任何准备的，可面对自己教过的学生又无法拒绝，只好仓促上阵，可我像一台刚启动就死机的电脑，试着开口大脑却一片空白，一个词都蹦不出来。结果是同一句话反反复复，还会卡在半路动弹不得，到最后，连我自己都不知道在说什么了，"那，那，这个，这……"。这次讲话的经历真的是非常丢脸。

就因这件事，我改变了自己的想法。即一旦步入社会，你不知道什么时候就会让你当众讲话，所以要"时刻准备着"，随时会有人真让你讲点什么。

被人嘲笑也没必要在意

毫无准备地让你讲话你不好推辞，但即便是提前拜托你演讲或做寒暄式讲话等，你也不好以不擅长为由拒绝。

怎么办呢？首先要控制好自己的情绪，讲的过程中也要有意识地注意这一点，如此，你的演讲效果就会超出预想。

再就是在预定的时间内讲完。这一能力因在平时讲课时受到了训练，也就自然而然地具备了。在此基础上，只要稍微提醒自己尽量不要紧张，基本上就可以在人前开口了。

自那之后，我对在人前讲话就不像以前那样抵触了，到现在，也成功地讲了不少次了。

在这样的积累中我明白了一点，说到底，寒暄问候、致辞或演讲等，就算你讨厌但相应能力也会随着练习次数的增多而不断提升。不管怎样，只要次数够就可以了，所以首先要知道一点，最重要的是抱着"被人嘲笑也无所谓"的心态开口讲。

总之，做不好没关系，先做起来。而你的心情也可能因行动而一下子放松下来。

另外，如因不得已而放弃那就放弃，告诉自己这也是没办法的就可以了。但下一次，如有机会就绝不畏缩，一定要再次尝试开口。总之，重要的是不要退缩，先试着开口说。

如果要再加一点，那说话时的音量也是要点所在。

讲课的时候我比较注意，要让坐在最后排半睡半醒的学生都能清楚地听到。之所以如此，是因为我在上学的时候坐在教室后方，老师的话常听不清楚，这在我的记忆中是一大苦楚。因不想让学生像当初的我一样，上课时我的声音就很洪亮，语速也很慢，这一点到现在都没什么变化。

说话时语速放缓且声音洪亮，仅此一点，听的人就更容易听进去。

让我头疼的"讲话"成了热门话题

本是很让我头疼的讲话，居然上了《朝日新闻》。

2010 年的滩校同学会上，我的致辞刚好在第三十分钟结束。时间一分不差的功夫是讲课时锻炼的，但也跟我自身的性格有很大关系。我非常讨厌听人长篇大论，再没有比这更让人痛苦的了。

所以，"自己讲话的时候一定要在规定时间内讲完"的想法非常强烈，我讲话也就能在规定时间内结束了。

这且不谈，在《朝日新闻》做记者工作的一个毕业生对我一分不差刚好在第三十分钟完成讲话这事钦佩不已，就跑来采访我。于是，2011年1月1日，大吉大利的一天，《朝日新闻》把采访我的稿子登出来了。

但是，尽管上国语课是我的拿手本领，但在第一章介绍的滩校周六讲座上，我真的紧张得要命。重返滩校讲台已时隔二十七年之久。单说《银汤匙》课，则是时隔三十四年之久了。

本来时间就隔得太久，又听说各大媒体、电视台都来了，说实话有些"怕"。

并且，介绍《银汤匙》课的《奇迹教室》等图书又刚出版，说话时绝不能有什么错漏。

"又是奇迹教室，又是传奇教师的，不过如此嘛。"要给人这样的感受那可就糟糕透顶了。这不只会让出版社脸上无光，更重要的是，可能会对自己长年以来所从事的教学工作造成负面影响。

因此，要讲就得让人感到"真不愧成了热门话题啊"，所以虽然我不善言辞，但也绞尽脑汁地想该怎么讲才好。

就这样，除了要考虑媒体等，更重要的是为让正在滩校学习的孩子们实际感受"跑题"《银汤匙》课是怎么回事，我便将要点放到了"学"与"玩"上。

从结果来看，周六讲座很受孩子们以及媒体的欢迎，这才总算放下心来。

图 17 退休后重返滩校举办周六讲座的桥本武老师

说话，心情重于形式

在滩校任教时我对说的指导并不多。这也是因为说与写是一样的，重要的不是技巧，首先要弄清楚的是自己想说什么。

前文说过，在我的课上，学生们完全可以不考虑成绩和分数，而是自由表达各自的意见和想法。不管怎样，先把自己的想法写下来并在大家面前说出来。至少我绝不会说，要这样或要那样。

这样的课每天都上，孩子们就会自然而然地掌握属于自

图 18 《银汤匙》课堂掠影

己的说话方式与表达风格了。

从这一意义上来说，如果不善言辞，那重回原点就可以了。也就是说，一旦开口，最重要的就是要把自己的心情传达给对方，说话的方式、技巧等次之，将其放到第二位、第三位也没关系。

年少时的刺激性学习催生真正的宽裕

不时听到最近的一些教育状况时，说实话我有点不明所以。之所以这么说有两个原因：第一，不太清楚现在的情况；第二，学校和老师到底想干什么，我也不太理解。

我在前面说过，所谓教师工作，就是以自己的人性与学生全力碰撞。问题是，这么想的老师究竟又有多少呢？

谈英语之前先强化国语

从 2011 年 4 月开始，英语成了小学五、六年级的必修课，英语学习也因此更为普及。但我想，作为一切学问的基础，更应下大力气提高学生的国语水平。

我非常怀疑，就算从小学开始学英语，学生们最终又能在多大程度上运用自如呢？

对英语感兴趣的人，喜欢英语的人，就算上了初中再学也不迟。

有这样一个例子。

在滩校教书时，我在高中国语课上曾以桑原武夫①的《文学入门》为教材，书中列出了 50 部英美文学的代表作。

在一次同学会上，有个毕业生对我说："老师，您说列出来的作品还是读一读为好，我就都读了一遍。"

这很了不起，我就称赞说："噢！了不起！"

再一询问我不禁大吃一惊，原来，他读的不是日文译本，而是原著。其中有一本绝版了没办法找到，剩下的则全都找

① 桑原武夫（1904—1988），日本学者。法国文学、文化研究家、评论家。日本文化勋章获得者。

来读了个遍。他还说，那 49 本书"成了我家书架上的宝"。

需要说明的是，当时他的英语水平并不出众，且是从初中才开始学的。

也就是说，从初中开始学也能具备阅读英文文学作品原著的能力。这也可以证明，只要对英语感兴趣，这名学生能做到的，其他学生也可能做到。

可明明如此却还是让孩子从小学就开始学，也不管他们是否对英语感兴趣。这样的做法，最终只是加重了教师与学生的负担而已。

我教过的学生都一样，如果国语成绩好，英语也会相应取得好的成绩。从阅读理解能力的角度来说，这也是理所当然的。

时有必要的"填鸭"教育

总之，初高中生要趁年轻埋头学习，尽量多读书，对各类事物抱有兴趣，勤于思考，这些都是非常重要的。年轻人多愁善感，这时候受到的刺激，获得的有趣的体验，就算不合常规也总有些会长久留在心里。

当然，学过的东西也没必要全都记住，且从根本上来说，这也是不可能的。但是，就算有时候学习让你感到痛苦，那

图 19　《银汤匙》课学生板书场景

也要读，要写，要去思考。即便当时感觉已到极限，但以后定会转化为让你游刃有余的"宽裕的心灵"。

　　这就是——素养。

　　恰到好处地致力于学，一定会在某些地方发挥作用。比如有学生说过这样的话："什么东大高考题啊，太简单了吧。"这是《银汤匙》课第 1 届学生（1956 年毕业）刚步入社会时放过的"狂言"。

"最近的年轻人真不行啊。天干地支都说不出来。"

"超标"学习,将来会转化为游刃有余的宽松和舒适。这,才是真正意义上的"宽松教育"。战后所谓的"宽松教育",在我看来不过是"懒惰教育"。

在"宽松"的旗帜下,老师也好,学校也罢,一直懒散到现在。正因如此,日本学生的学习水平才会不断下降,到现在也就慌张起来了。但要搞真正的宽松教育,"填鸭"就很重要了。

当然,为应试而搞的填鸭教育不在此列。这里所说的填鸭,是"素养的填鸭"。

这种"超标"不是为了应试,而是为了在你与人生中到处潜伏的困难迎头相遇时真正地助你一臂之力。

人生的快乐与兴趣多寡成正比

兴趣作为"学习"的要素之一,不只是在校园生活中扮演着重要角色,在人的一生中都是不可或缺的。对我来说,兴趣与工作同等重要。

实际上,我沉浸其中的兴趣之多让很多人都感到吃惊。

比如摄影、8毫米胶片、旅游、乡土玩具与青蛙制品收集、时髦穿戴、茶艺、能乐①、短歌俳句②、谣曲、歌舞伎、人偶净琉璃③、交谊舞等。

如果说教师生活是我的人生主旋律，那这些兴趣便是我人生中的变奏与插曲，就像课堂中的"跑题"。也就是说，越"跑题"乐趣越多。并且，题跑得越多人生就越丰富，知识也愈加丰富。

发展兴趣会提高问题处理能力

知识范围因兴趣而不断扩展的结果是这些知识很可能会在意想不到的地方发挥作用。

比如我的兴趣之一是观赏能剧。有一次，举办能剧与狂言④研讨会，需要我就能剧为学生们讲几句，于是我就讲了能剧的特点之一"序破急"。

所谓"序破急"，指的是能剧或雅乐等的情节发展，"序"是故事开端，节奏舒缓；"破"是故事发展，节奏同样缓慢，但加入了节拍；"急"则是故事结局，节奏轻快。然后，我又

① 日本独有的古典舞台艺术。演员演出时佩戴面具。
② 俳句，即以五、七、五为律的十七音节短诗。
③ 日本的传统木偶剧。2003年被联合国教科文组织列为世界非物质文化遗产。
④ 日本传统戏剧流派之一。与能剧、歌舞伎并称日本三大戏剧形式。

把兴趣之一的宝塚歌剧与"序破急"结合起来说了下去。结果，后来有位专业能乐师夸我"讲得很让人感动"。

我当然不是设想到这一场面才以能剧欣赏为兴趣的，只是自然而然地运用日常积累的知识，却得到了这样的评价。

总之只要基于自己的兴趣"跑题"，你的理解能力就会相应提高。并且这"跑题"是下围棋、象棋也好，看棒球比赛也罢，什么都可以。

沉浸于"跑题"之后再回头去看"本题"，重归"本题"，那你对作为"本题"的学习或工作的感受一定会比之前丰富很多。

但若连兴趣都没有，只埋头于一件事情，比如只被工作捆住，那自己的世界就很容易狭小起来，钻得再深也难逃视野狭窄之嫌。

人只要活着，就不得不面对和思考各种各样的事情。所以说，"跑题"经验越多，对各类事态的应对能力也就越强。

忘我沉迷，超然抽身

在诸多兴趣中，尤其让我神魂颠倒的便是宝塚歌剧。

第一次看是在 60 岁左右的时候，但要说与这一兴趣的因缘却远在约四十年之前，要上溯到东京高等师范学校时代。

当时，我的初恋对象是松竹歌剧团的舞蹈演员，偶尔，我也会去浅草①观看她出演的歌剧。但是之后我们的关系就疏远起来，且没过多久我就到滩校任教了。我也下定决心，"怜香惜玉之类就到此为止了"。

但到了 60 岁，在电视上看到宝塚歌剧时心有所感，之后便每周都看那一节目了。再后来看电视不过瘾，就到现场去看，现场那就更好看了。

过去，我已与"怜香惜玉"诀别，并为这样的自己感到骄傲，可万没想到，后来会身陷宝塚而无法自拔。为验证自己对宝塚的喜爱是发自内心还是一时神迷，我便一天不落地看了一周。本以为这样会厌烦，但结果却是更加地无力抽身。何止如此，我是完全被宝塚歌剧的魅力征服，从而心醉神迷了。

之后就一发不可收了，我成了宝塚歌剧的发烧友，就是在因病而无法天天前往的二十年里，也有月不下几十次，年达 150 次的年份，即每两天就会看一次。

此外，从 50 岁开始，我还和妻子一起挑战过交谊舞，学过谣曲，碰过茶艺……

----

① 浅草，地名，位于东京都台东区，著名观光地。

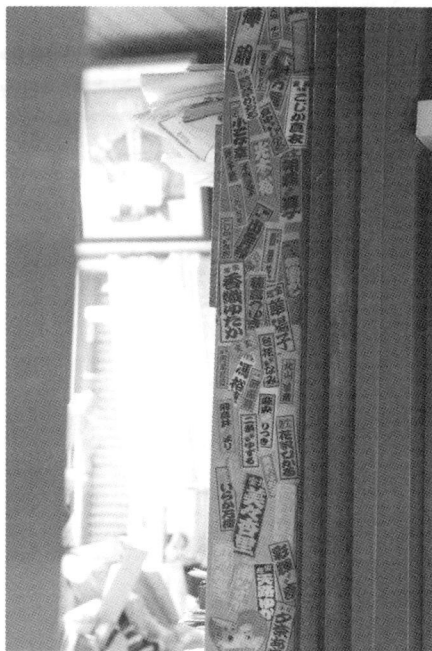

图 20　贴于自家门柱的宝塚歌剧女演员们的千社札①

　　就这样，在繁忙工作的间隙，我名副其实地"随时随地"拓展兴趣爱好。一旦感觉已到极限就果断收手。

　　就在这样的反反复复中，我学到了很多很多。

　　总之，兴趣和爱好会让你的人生更为丰满、更为宽广。

---

① 到神社或寺庙参拜的纪念性贴札，写有自己的姓名或住址等。

且沉迷其中的兴趣越多，你的人生也会越有趣。基于自身的实际感受，我完全可以如此断言。

时刻寻找能展开思考的契机

"借由兴趣'跑题'……，可我不知道该做什么啊，并且也没那闲钱。"

现代社会工作繁忙，可能不只是已经工作的人这样想，连学生都会这样想。但实际上，即便不是通过兴趣爱好"跑题"，通过其他的方法也可以"跑题"。

所谓"跑题"，实际就是寻找让自己展开思考的契机。

而这契机，日常生活中无处不在。一句话，全在你是否留意。

重要的是，就算搞不明白也无所谓，总之要对周围的一切抱有疑问。

举个例子，白色为什么称之为"白"，红色为什么称之为"红"？白色为什么不叫"红"，红色又为什么不叫"白"呢？

又或者，为什么英语中称红色为"Red"，而同在汉字圈的中国却又发音为"hóng"呢？

像这类疑问，或许你查也查不明白。但无论明白与否，这类思考本身都很有意思。并且，可能因此会有完全不同的发现，或将来再次面对同一个疑问时，可能会以不同的方法或从不同的角度找到答案。

就像前面说的，要时刻让自己动脑子，再理所当然的事也要问一问"为什么"。

这样就会养成思考的习惯，或想尽办法去查，或虽不明就里但总之要用脑子想一想……

也就是说，面对任何事物都要开动脑筋去思考。这，就是日常生活中的"慢速阅读"。

图 21　2011 年 10 月，在 NHK 文化中心西宫 GARDENS 教室
举办特别讲座"奇迹教室——像玩一样地学"的情景

观点聚焦：日常生活中俯拾皆是的"跑题"

---

①正因令人头疼，学习的乐趣才潜藏其中。

②头疼的具体内容是什么，不要怕，直面它。

③被人嘲笑又何妨，要敢于尝试。

④年轻时多愁善感，受到的刺激、体验到的乐趣会让你终身受益。

⑤超标极限式学习，将来必有助益。

⑥不为考试，为素养而"填鸭"。

⑦拓展兴趣爱好，丰富人生。

⑧"跑题"后回归"本题"，"本题"会更为丰满。

⑨问题解决能力强弱与"跑题"经验多寡成正比。

⑩对一切抱有疑问，尝试自由思考。

第五章

人生即不断学习

——百岁人生的生存能力累积轨迹

让人生更为丰富的活法：顺其自然

除沉迷于兴趣不断"跑题"外，象征我百年人生的另一个关键词就是"顺其自然"。

回望自己走过的路，在人生的重要转折关头基本都是顺其自然。就职、结婚、退休后的第二人生等，都是"任人安排"，顺其自然。这样的事真的非常多。

当然，在有必要自己做出决定，非怎样不可的情况下，那就由自己选择和决断，如报考东京高等师范学校。当时的高等师范学校不只东京有，广岛也有。但是，一旦下定决心考取高等师范学校，进入自己视野的就只有东京高等师范学校了。为什么呢？既然要考，那就要挑战难度最大的最高峰——在日本的心脏东京一试牛刀，这是年轻人特有的血气。虽说初生牛犊不怕虎，但我也做好了心理准备，如果落榜了那就只能去做代课老师，即兼职或临时性上上课了。

下决心上《银汤匙》课时我也做好了相应的心理准备，这在前面已经说过了。

以喜欢的方式做喜欢的事就可以了

上东京高等师范学校与开设《银汤匙》课都是我自己做的决定，但到滩校任教就真的是纯粹听任教员安排，听天由命了。

再就是前面说过的兴趣，我的决定方式基本都是有人喊我，便很随意地应声去了。

甚至连结婚都是如此。一般而言，在人的一生中，结婚是需要下大决心的，但对我而言却并非如此。战后不久，有人对我说："去相相亲吧。""好的。"于是我就跟着去了。第一次相亲就当即敲定了婚事。当然，这也是我人生中的一大成功。

跟结婚有关的再就是 55 岁左右时新建房子，情形大致跟结婚类似——听从妻子朋友的建议，在高处买下一块地，就把房子给盖了。

当时本想弄个地下室，但因岩层太硬没挖动。心想，这又不是自己调查一番才买的，算了吧。结果，正是得益于岩层的坚固，在后来的阪神-淡路大地震中我们家损失轻微。

图 22　桥本武老师与夫人

顺其自然的原因之一，就是我几乎没什么竞争意识，也没想过要出人头地，没有对于胜败的所谓执着。

似乎我天性如此，体育运动之类根本不喜欢。而像花纸牌、麻将、扑克牌等，玩也提不起兴致。但反过来，只要能有个环境可以以自己喜欢的方式做自己喜欢的事，随心所欲，那我就真是无话可讲了。

就这一点而言，滩校的环境是最好的，所以即便当时的私立学校无缘于出人头地，在我心里也全无所谓了。

再就是离开滩校之后也同样如此。当时，我根本没有继续工作的心思，但刚退休就有人邀我去一家小补习学校出任校长。虽然我当时答复说"这怎么可能"，但对方也毫不退让：“别这么说，只来看一看也好，先来看看嘛。”没办法，我就抱着“只去看看”的想法出门了，并且对妻子说：“去学校看了就回绝掉。”

善于生活的人懂得顺其自然

没想到的是，在跟那家补习学校的理事长交谈的过程中，不知不觉中竟也感觉“既如此，就答应下来吧”。回到家跟妻子说：“我答应人家了。”这下，连她也目瞪口呆了。

但从结果来看这也是件好事。因为，退休之后又在补习校的讲台上站下去，让我的大脑保持了活跃。如果按预定计划悠然享受舒适的退休生活，在看电视中度过余生，那我的大脑可能早就迟钝了，就结果而言，是预料之外的补习学校工作给予了我身心两方面的健康。

尽管这只不过是结果主义，但顺其自然地结婚、就职等都很顺利，我想这也终归是有其原因的吧。比如说，到一定岁数之后我就有了一个想法：这是先祖在为我引路，为让我不断向着好的方向前进，先祖为我做出了种种的安排。

并且，可能这样说有点夸张，但是，身体就不用说了，大脑也好，性格也罢，确实都是从先祖那里来的。也就是说，从遗传的角度来说或许也有先祖的影响。

再比如，我既希望通过阅读体验各色人生，也乐于因兴趣爱好在听取他人意见、看法的同时埋头于诸多事物，也就是说，就性格而言，我乐于时时接受来自周围的刺激或建议。

正因如此，我才会不自觉地在言听计从中切换自己的人生轨道吧。

总之，若从偶然的角度来讲，我生活中的不少事情都好得有点离谱了。而这，即归功于顺其自然。

超越时代的师生缘

有些事乍看像是自然发生的，但实际上却来自人与人之间的深层联系，这就是"缘"。

正所谓擦肩亦是前生缘，活到现在我也更加深刻地体悟到，所有人都深深地联系在一起。

在诸多缘分中，可称之为奇迹的就是与作家中堪助先生的不解之缘吧。

为之神迷到以其《银汤匙》为教材，与他呼吸过同一时代的空气，这缘就不是一般的深了。

第一次与中先生见面是第 1 届《银汤匙》学生入读高一那年，即 1953 年的春天。当时，中先生夫妇像是到关西旅游，接到他们投宿于金阁寺内小寺的消息我便带着 5 个学生去了。

此后，每到东京，我都会到位于东中野①的先生家拜访。中先生为人，首先就是尊重他人的感受，像第一次到先生家拜访时，先生甚至事先在书信中画好了从东中野站到他家的地图。

再就是若夫人在场，先生几乎一言不发，可当夫人说"我去倒茶"而起身离座时，他又会立即开口。可能是不想让客人心生不适而努力找话说吧。

还有就是跟我教过的学生们之间那难以忘怀的师生缘、师生情。

滩校不大，一学年 200 人左右，且是跟班制，每六年才会接触一批新生。彼此相遇的概率是微乎其微的，年已百岁的我至今跟这些学生坦诚交往。这，真可谓奇迹吧。

这样的缘，我很想尽一切可能保持下去，所以直到现在，每年 10 次左右的同学会以及其他活动我都会出席，或者是通过书信等跟学生们保持交流。

在这方面，特别是《奇迹教室》的出版与其后一系列的媒体报道，又一下子拉近了我与学生们之间的距离。

---

① 东中野，地名，位于东京都中野区。

世间无偶然，相遇皆必然

比如我教过的学生之一山崎敏充君，任最高法院事务总长这一重要职务，并为陪审员制度的引入做出了巨大贡献。

我曾收到山崎君的一封信，说在 2011 年元旦那天的《朝日新闻》上看到了对《银汤匙》课的介绍。报纸刚登信就来了，也就是说一读完报道他就执笔修书了，我也从中感受到了山崎君感情的热烈与深重。

信中回忆了《银汤匙》课及每月一册的阅读作业，感谢的话、当时的感想等写得非常细。

时光荏苒，但我的课却至今留在学生们的心里。对我来说，这就是最大的喜悦，就是身为人师的终极幸福。

实际上，山崎君这次联系，自他毕业之后已时隔四十年之久。可一读到信，长达四十年的空白也好，自己学生的显赫地位也罢，全都瞬间消逝于无形。读着信，跟孩子们在教室里时的情景也浮现出来，真令人怀念非常，心头发热。

2011 年 11 月，我获颁日本版搞笑诺贝尔奖（国际第二条泥鳅奖）①。此前，我也没得过什么奖，为出席颁奖典礼，我

---

① 日本版搞笑诺贝尔奖效仿搞笑诺贝尔奖，由日本非营利组织创立。搞笑诺贝尔奖创设于 1991 年，由科学幽默杂志《不可思议研究年报》主办。评选对象为开展了"乍看之下令人发笑，之后发人深省"的"古怪"研究的人。

一个人乘新干线来到了东京。结果到会场一看，怎么我教过的很多学生都来了。山崎君来了，神奈川县知事黑岩祐治君也来了。其中，旧制滩校时代的学生可都85岁上下了。见此情景，我真的非常开心。

直到今天，我的学生们都会聚到一起，超越了年龄、届别、住处或职业等一切限制。

如此说来，大家在滩校的相遇，可以说既是奇迹，又是必然。

图23　日本版搞笑诺贝尔奖（国际第二条泥鳅奖）颁奖仪式

大家在滩校相遇，且在并肩学习中结下的缘分一直延续到了今天，毫无变化。这既让人吃惊又让人喜不自禁。

《银汤匙》课的奇迹将永远持续

就像在本书开头所写的，2012 年 7 月我就满 100 岁了。

就感觉来说，95 岁左右时体力方面多少有些衰退，即便如此，除午饭与房间打扫委托给护理人员外，其他事情则全是自己动手。

这样的情形，再加上《银汤匙》课登上媒体给大家的印象等，可能有人会认为年轻时候的我非常健壮，现在是昔日"雄风"犹存。但实际上绝非如此，相反，说我从幼年到老年大病不断也不过分。

比如十几岁、三十几岁时两次身患腹膜炎，且病情相当严重。且到四十几岁时，因埋头"制作刻版教材"到深夜，烟量也水涨船高，最终被医生警告说，"再抽下去，怕是性命不保"。

这还不算，81 岁那年，我又因剥离性主动脉瘤被抬进了医院。当时，得益于学生黑岩祐治君曾为其实现而奔走呼吁的紧急医疗救护员制度①，我因紧急医疗救护员采取的急救措施而苏醒过来，但到医院后却被告知，因我年事已高，无法手术。医生也说"治不了，至多可以把胸部淤积的血排出来"。可就在排血的过程中，从横膈膜直到腹部的主动脉损伤部位却不知在什么时候呈结痂状闭合了。

主治医生虽连呼"奇迹"，但实际上，虽不知是梦是真，我在住院时亲眼看到了冥河。当时，真的是生命垂危到了如此地步吧。

还有 85 岁时我又遭遇交通事故，被撞倒在大路上。这次也是被救护车送到了医院，但又奇迹般地只在头部缝了 7 针，轻伤了事。

所以说，我是生病、受伤全盘上演。可尽管如此，我依然是精神饱满，长命百岁。

人的健康来自身心平衡

不是说"健全的精神，寓于健全的身体"，不管 13 岁也好，50 岁也好，100 岁也好，身心两方面的健康真的非常

---

① 日本医疗制度或国家资格的一种，具体指在送医途中在救护车内配备有对患者采取施救措施的救护人员。日本《紧急医疗救护员法》规定，各地救护车内至少配备一名紧急医疗救护员。该制度确立后，日本各地救护车升级为高级救护车，以满足紧急医疗救护员的车内施救需求。

重要。

毋庸多言，身心是不可分的。身体弱了，精神也会垮掉。而所谓精神弱，即思考的方向不对。

当然，只有强健的体魄但不动脑筋也不好。身心都用，保持身心和谐很重要。

从性格方面来说我也很幸运。没有精神压力，也不会忧心忡忡。在他人看来，有些情况可能是相当困苦的，但我从没有过不如一死的烦恼和痛苦。

同时，我也极少对谁动怒。只是，在滩校教书时，偶尔会有腾地火起的时候……，不管怎么说，只能说我天性如此。该感谢先祖吧。

此外，在诸多兴趣爱好中，仍在进行时的只有青蛙制品收集与日式装订的书籍制作了。青蛙制品收集始于到滩校后不久，持续时间最长。

同时，把报纸杂志对我的报道、朋友间的书信以及自己写的短诗、随笔等整理成册，以日式装订做成一本书的工作也在继续。

我所制作的图书样式与《〈银汤匙〉研究笔记》一样。孩子们是把曾在《银汤匙》课上花时间填写的油印材料整理到一起，制作封面，装订成册；我现在是把载有书信、报道等

图 24　摆放在家里的各类青蛙制品

的纸张用线装订起来，贴上封面，并分发给朋友们。

　　这才真是身心体操。写要用脑子，装订要动手。

　　先要考虑选取哪些文章，然后决定如何布局设计，仅此就已是脑部体操了。

　　而要复印，就得去近处的便利店，这可是非常好的运动。进了便利店运动接着进行，一会儿站着，一会儿坐下，页数不够就加印，等等。本来，只是复印就需要相当的体力了。

　　再就是跟人见面也是维持健康的好方法。每天跟护理人员说一两个小时的话精神也会恢复不少，加之还会跟教过的学生们见面，这对我也有极大的益处。

自登上滩校讲台至今不变的生活规律

虽说我一直注意保持身心健康，但就生活规律而言连我自己都怀疑我怎么能活到一百岁。实际上，直到今天我也基本与在滩校埋头"刻版"时无异，每天不过零点不休息。

以前灵机一动制作的"个人小史假名纸牌"的"ki"①音，我是这样写的："规律作息，晚睡不早起。"

可最近，却是"不规律作息，晚睡不早起"了。

基本上我读读书，写写东西就入浴了，可一留意才知道，往往已是凌晨两三点了。这种事成了家常便饭。偶尔也会在午夜十二点上床，这时就会想，"啊，今天好早啊"。基本就是这样的。

不过，也可能因为一直是这样的生活节奏，脑子才会运转如初吧。要是天天休息，光看电视，结果又会怎样呢？虽只是一切顺其自然走到了今天，但从结果来看，维持不变的生活规律是对的。

总之，又是日式装订制书，又是执笔写稿，又是校对，还有从滩校退休后每月一次、从未间断的主题文化讲座——《源氏物语》今译等，想做的事情太多，真的是多到让人发愁

---

① "ki"音为日语五十音图中发音之一。下文中"规律"一词的日语发音首音为"ki"。

的地步。我不禁会想，忙到希望时间多一些再多一些，也就连死的闲工夫都没有了。

在吃喝时展开的思考

在吃方面，我绝不讲究奢侈。年轻时候的穷学生时代，再遇上了战争，习惯了，只要能吃，什么都可以。

只是，一旦食物入口就要咀嚼 100 次。这我还是相当在意的。

而戒不掉，也不想戒的，就是晚饭时喝两杯了。即便累到精疲力竭，啤酒也是每晚不缺的。

年轻时也喝过日本酒，但到滩校之后曾经喝过头，就戒掉了。现在，我只喝啤酒，且不同的进口啤酒要用与之相应的酒杯喝。

香烟和日本酒早就戒了，这类嗜好和乐趣就剩啤酒了吧。

话虽如此，但我脑子闲不住，总会想点什么。这都已经成习惯了。有时就连喝啤酒的时候思考也会因莫名其妙的由头突然转向。

前几天就发生过这样的事。当时喝的啤酒是从塔希提岛订购的，名叫"hinano"。看到标签上的罗马字母"hinano""tahiti"我不由一惊，一个辅音跟着一个元音？这不跟日语完全一样吗？

不仅如此，"hinano"的"hi"与"himiko"[1]的"hi"相通。且"日"的日语读音也是"hi"，而日本本来的名字就叫"日出之国"。也就是说，日本人的祖先是南方系？……

本来只是想喝点啤酒，可不知不觉就想得越来越远了。我自己认为，这也正是"玩中学"的忠实再现。

把地球视为一个整体来思考

当然，平时思考的也不只是日常生活中的事情。偶尔拿起报纸，又是杀人事件又是战争，消息一个比一个悲惨。

本来，地球本身并没多大，可直到今天，战争都在这里或那里发生。但在我看来，地球本身就是一种生物，是活着的。日本就不用说了，美国同样会发生地震，在世界上的某处发生什么自然灾害毫不奇怪。按理说，脑力不用于应对地球上发生的自然灾害、生态环境等问题，而用于搞战争，人类本应没有这样的闲心。人类需要更加深刻地反省，必须更加紧密地团结在一起，共同思考地球上的诸多事务。

不管怎么说，地球毁了人也无法生存。首先，地球被空气包裹，仅此一点，就非常不可思议，是个十二分的奇迹，

---

① 卑弥呼。日本弥生时代邪马台国女王。

112

我们人类应好好珍惜。

当然，宇宙空间无限宽广，可能也有与地球相同的星球，但人类也不可能马上就移居过去。就算移居过去，可能也有跟人类一样的生物居住在那里，且像人类一样天天争吵打架。

经历过战争、地震的我，恳切希望地球人更加清醒地意识到这些。我在滩校高中部《古典作品共同研究》的后记中写过这样的话：

> 脱离了社会，人类生活无法成立。相信大家都已确信，作为一起学习的伙伴，大家在同一所学校、同一间教室，在同一个老师的身边，团结互助，向着共同的目标努力所取得的成果之大。既如此，将这种团结合作精神进一步扩展开去，最终促成世界和平也并非多大的难事。无论什么事，认为好就去尝试，相信共同研究已经赋予你这一勇气。

当然，在当前状况下，我并不认为这话会有多大的作用。只是，若把"同一所学校，同一间教室"置换为"同一个星球，同一个国家"，就算是在今天也多少有一点价值吧。

在教育一线，在家庭中，现在，就在这个瞬间，与全世界的人一起生活究竟意味着什么，这种关系又应向何处发展，这样想一想不也很好吗？

未竟之梦：大还历与《银汤匙》课

人的梦想恐怕是不受年龄限制的，现在 100 岁的我仍有两个大的目标。

第一个，活到 120 岁的大还历。

因为前面提到过的剥离性主动脉瘤，我不得不放弃了去宝塚剧场观剧，在剧场里坐 3 个小时我坚持不下来了。所以就想，虽然感到遗憾但与宝塚的缘分也只能到此为止了。可万万没想到，在我迎来 99 岁白寿之际，宝塚的明星们如凤兰女士等人竟然为我举办了一个盛大的生日派对。因是白寿，我就决定穿一身纯白色的西装，配火红的玫瑰胸饰。

就因这次派对我有了一个新的梦想，要活到 108 岁的茶寿，再活到 111 岁的皇寿，还有 120 岁的大还历！并且，庆祝生日的时候我要以不留遗憾的时髦穿着出席。

茶寿，就把白寿时穿的白西装染成茶色；皇寿，则要一身金饰；而大还历则要与白寿相反，以红西装配白玫瑰胸饰出场。

第二个，来生也要在滩校当老师，上《银汤匙》课。

图 25　生活中的桥本武老师穿着时髦，也爱喝点啤酒

实际上，我现在正在制作与此前不同的新的《〈银汤匙〉研究笔记》。

几年前，我教过的学生开始复印初版《〈银汤匙〉研究笔记》，或是有些交情的中勘助研究者也对初版《〈银汤匙〉研究笔记》给予了很高的评价，等等。就在那时我灵机一动："既然执着于《银汤匙》到如此地步，要能重登滩校讲台上《银汤匙》课就好了。"

但当时，就年龄、体力而言已经不可能了。于是，因很久之前就想过，如有来生，我还要作为滩校教师重登讲台，所以，虽多少有些荒唐无稽，但还是动手制作起了来生要用的《〈银汤匙〉研究笔记》，且到现在已完成七八成了。滩校周六讲座所用的《〈银汤匙〉研究笔记》即所谓范例。等顺利完成了，就作为新的《银汤匙》课的教材交给滩校。

当然，在我之后，下一个上《银汤匙》课的人会不会出现，也都不得而知了。

但也不能断言，一定就没有哪位老师在看到我交给滩校的新《〈银汤匙〉研究笔记》后想用它来上课，如果有，那个人一定是同我心意相通的。

我经常会想，《银汤匙》和《银汤匙》课已然与我的人生融为一体了。

经常有人议论所谓人生胜利组、失败组之类的话题。也就是说，我们常常会从经济角度出发，以金钱的多寡、收入的高低来论成败。但所谓成功真的仅能从经济一方面来衡量吗？

我不知道。

尽管不知道，但我至少可以说，对我而言，以自己喜欢的方式做了自己喜欢的事，就是成功。

今天想做这个，或想做那个，然后做成了，就足够了，对生活不抱过分的幻想和希望。

　　我就是这样一路走来的，且会这样走下去。

　　开心无比的"学习的每一天"，今天仍在继续。

图26　百岁桥本武精神矍铄

观点聚焦：更深入享受人生的"学习"

①不管怎样，先尝试顺其自然。

②相遇既是奇迹又是必然。

③保持身心平衡。

④坚持适合自己的生活规律。

⑤想做的事多到头疼刚刚好。

⑥想一想，这一刻正与全世界的人类一起生活意味着什么。

⑦无论年龄多大都要有梦想。

⑧所谓成功，是能以喜欢的方式做喜欢的事。

⑨这事今天做成了，人生仅此已足够。

⑩在学习中度过每一天，今天仍是这样。

后　记

从滩校的最后一堂《银汤匙》课到现在已经过去了三十多年，它之所以被视为"慢速阅读"的典范受到追捧，是因为战后的教育方式已被视为一大社会问题，重新审视的趋势正在高涨。

但之所以提及已被视为社会问题的战后教育方式也并非出于自我宣传的需要由我自己提出来的，而是缘起于前些年的一本书——《恩师的条件》。此书的作者是上过《银汤匙》课的学生之一，现任神奈川县知事的黑岩祐治君，《银汤匙》课也由此而广为人知。

这个课引起了 NHK 电视台的注意，在"The Coach"的一期节目中做了介绍，面向全国播放。进而，小学馆①在采访了

---

① 小学馆，日本一家综合性出版社，创办于 1922 年，位于东京都千代田区。因创立初期主要出版面向小学生的教育类图书而取名小学馆。

我和上过《银汤匙》课的孩子们之后又整理出版了《奇迹教室　H先生和〈银汤匙〉的孩子们》一书。正如在本书第一章中所写的一样，这些事件也让我的多年夙愿得以实现，再登滩校讲台上《银汤匙》课。

而这一次，则是我自己写的《学习力就是生存力——百岁教师的人生寄语》由日本实业出版社出版。

以上过《银汤匙》课的孩子们为代表，我真正想教给学生们的是"学习能力"，这还是第一次正式讲。这本书，连自己都会在重读时不自觉地被吸引，自感耐人寻味。很抱歉，这样讲有点自大狂的味道。不知您读过之后又是什么感觉呢？若能聆听您的感想我将无上荣幸。

感谢您读到最后。在此，谨致以诚挚的谢意。谢谢。合掌。

2011 年腊月吉日

青蛙居士　桥本武

特别附录

对　谈

远藤周作（作家　1940 年毕业于旧制滩校）

桥本武（滩校传奇教师）

满脸粉刺的滩校时代，我每天不是被高年级学生揍就是被老师揍，简直就像是为了挨揍才来学校的。但也正因如此，那所学校和那些老师才令人怀念，当时，今天的对谈嘉宾桥本先生的拳头打过来也是相当痛的。今天一问才知道，当时，先生的拳头是每天都要练的，难怪那么痛。

——远藤周作

◆**一说高考就想到滩校，这最让人痛苦了**

远藤： 您到滩校任教是……

桥本： 高等师范一毕业就去了嘛，应该是 1934 年。

远藤： 就在最近，我拿到了我滩校时代的成绩册。一看，差的时候，像满分 100 分的科学只有 27 分，数学只有 38

分，先生您教的国语作文 67 分。就这样的成绩，居然成了作家。现在，学校里还有这样的学生吗？

桥本： 呀！很多呀。有的是丧失了学习动力，进来之后，注意力被周遭夺走了。现在这样的时代嘛。所以就抽抽烟啦，诸如此类……

远藤： 喔。果然还有这样的学生，很有我后辈的样子啊。（笑）当时，跟滩校相比，神户一中更好吧。滩校当时的目标就是赶超神户一中，不知不觉竟成了今日气象。

桥本： 托了驻日美军的福啊。

远藤： 啊？驻日美军？

桥本： 美军来了之后，公立学校都推行学区制。这样一来，因居住地关系去不了神户一中的就不得不去二流、三流学校了。与其如此还不如去滩校，于是，好学生就进来了。滩校是私立校，跟学区制没关系。

远藤： 也就是说，这就是去不了一中的学生去滩校的原因了？我们那时候，考不上一中的才去滩校。都是去不了一中的学生，实力差距悬殊啊。但现在，一说高考，大家的第一反应就是滩校……

桥本： 大家都这么说就让人非常痛苦了。一说滩校就是书呆子啦等，标签就贴上了。

远藤：过去我在滩校的时候，放眼望去全是令人无语的家伙，怎么教都不会，怎么说都不听，多是这样的刺儿头，对吧？

桥本：怎么说呢。捣蛋是捣蛋，但也有好的地方。

远藤：话虽如此……

桥本：近来越来越"绅士"倒是真的。

远藤：这也不只是滩校，现在的高中生都这样吧。我儿子所在的高中，也说几乎不会吵架、打架。过去那可真是不得了。先生您刚到滩校时也吓了一大跳吧？

桥本：啊。吓了一大跳。最吃惊的是到滩校一年左右的时候。那天有学生被捅了嘛。

远藤：噢！

桥本：那是 1935 年 2 月 11 日。

远藤：我在的时候吗？

桥本：不，你是第 8 届，1935 年春天才来的。就在你来之前，当时我在办公室里，听到有人喊"老师！我被人捅啦"，突然就有个学生按着侧腹进来，鲜血滴滴答答！我当时就想，啊！我可真来了一所不得了的学校啊！

◆每天挨揍，头上全是包

远藤： 感觉像夏目漱石的《公子哥》里的情节啊。不容易，在那样的学校里，那么长时间您都待下来了。

桥本： 要说原因，最根本的就是学校允许老师放手教。用自己喜欢的方式教就可以了。比如说，我在初中部就不用教科书，而是用中勘助先生的《银汤匙》作教材。花三年时间，让学生认真仔细地阅读吸收。这样教都可以。不被上面干涉很舒服。

远藤： 但这舒服是在办公室的时候吧。在我们这些学生中间，老师可就不舒服了。

桥本： 经常跟学生吵啊。

远藤： 那时候老师也经常揍我们呢。

桥本： 总之是每个小时都会吵。

远藤： 您说吵，可我们根本就无力抵抗，只有被揍的份啊，根本就不是吵（笑）。我每天也得挨揍5次。那时候还小，感觉很"严酷"，像是为挨老师和高年级学生揍才去学校的。我每天不是挨三角板就是被出勤簿的尖角敲，头上天天都是包。不过，这样的经历真令人怀念啊。现在已经不打了吧，就算是在初中部。

桥本：嗯。这种事没有啦。

远藤：是因为学生跟以前不一样了，还是老师们上年纪了？

桥本：我们上了年纪，学生淘气、恶作剧也没那么严重了。

◆ 为了敲得砰砰响，锻炼中指关节

远藤：为什么不搞恶作剧了呢？按我们那时候的想法，学校
　　　就是搞恶作剧的地方。再怎么揍揍也会不知不觉地搞
　　　恶作剧。现在完全没有了吗？

桥本：也不是完全没有。在不久前，就有初三年级的学生
　　　被批评了。上课玩扑克被老师发现，老师把他们叫
　　　到办公室批了一顿："现在，我要替你们的老爸揍一
　　　下子，说，让我揍哪儿？用什么揍？拳头，还是出
　　　勤簿？"

远藤：难得老师跟学生讲得这么周到，我们那时候可没这待
　　　遇，老师顺手抄起什么算什么，抄起来就开揍。现在
　　　这些家伙的待遇太好了。从前，希望用什么揍之类是
　　　不会问的，抄起旁边的棍子呲一下就可以了。

　　　从前，老师您也是每周都要砰砰砰敲一遍学生的头吧。

桥本：一周敲一遍怎么够啊。（握拳，亮出中指关节）那时
　　　候，这个地方是很硬的。

125

远藤：喔！

桥本：这个部位可是每天都要练的。在走廊里走，不小心撞到护墙板上就咣咣咣地敲呢。

当然不是很用力，就是咣一下，但动静好像不小。一直练到长出茧子来了。

远藤：（翻白眼）嗯……没想到，老师们竟练到这个程度。但跟我们比起来，现在的滩校学生更幸福吧。

桥本：那时候太令人无语了。

远藤：恕我直言，现在的滩校学生跟那时候的我们相比，教的时候学生反应不一样吧。

桥本：的确，全是聪明学生嘛，教再多再深也都能吸收。所以我几乎不布置作业。没必要。

远藤：（流露恨意）那时候，可没少给我们布置作业呢。

桥本：要是能在教室里全神贯注、认真听讲，那只在教室里学就足够了。

远藤：我们光在教室里打瞌睡了，听不懂老师在讲什么。

桥本：类似于作业、测验等也是要做的。把参考书给他们，每周都要测验其中的一部分内容。但会向学生宣布一点，测验归测验，不计入成绩。所以，不想学的也可以不学。不学也不会责备他们。但反过来，做过的问题自己就要订正，可以翻书等。订正的结果要交上来，这部分会成为评价的对象。

远藤： 可我们那时候不写作业就要罚站。待遇就这么不一样吗？可就算这样，大家还是都能取得好成绩啊。

桥本： 不是的。也有只能拿二三十分的学生。

◆只是学生素质好而已

远藤： 现在，有人问我中学读的哪一家，没办法只好答是滩校。对方一听马上肃然起敬："喔！高才生啊！"要一一解释说"不不，以前的滩校……"，真的是非常麻烦，就含糊其词地说"还可以吧，马马虎虎"……，这种时候总觉得像在撒谎，感觉很不好意思。

桥本： 哈哈哈哈……

远藤： 是不是也可以把这理解为后辈们赠送的礼物呢。话说回来，滩校今年干得也很漂亮啊，考东大。

桥本： 我们也希望每年都拿第一，但不到最后出成绩谁也说不好。说到底，就是希望学生都能考入自己想去的学校。

六年前，我们这批老师带的学生拿下了考入东大人数全国第一的成绩，比东京都立日比谷高中多出了一个人。当时好一通沸沸扬扬啊。媒体等就写，又是因为高考指导彻底啦，又是他们乐得举杯相庆啦，又是无视学生自由意志啦（你小子成绩不好，不让你报东大），等等。全都是无稽之谈。所谓高考指导，不过是对学生说实在不知道自己想考哪里了就来找老师。

远藤： 这我知道。像我这样 188 个人里排 180 往后的男生，就是说要考三高①，老师也只是嘴里说"你小子不可能考上吧，放弃放弃"，说完就把要交给志愿校的学生档案给我了。前不久见到校长，校长对我说，现在的滩校没有像补习一样的特别辅导了，进来的全是高素质学生，只管不停地赶教学进度就可以了。

桥本： 说到底是这样的。

远藤： 但在社会上看来，就认为是采取什么特别辅导措施了。

桥本： 自然趋势，高才生慢慢多起来了嘛。

远藤： 从前也是自然趋势，差生全来了。这样一说，我就想找地缝儿钻了。（笑）校长可对我说了，"你小子，你们那时候的滩校跟现在的滩校完全是两所学校，你这家伙所谓从滩校毕业，跟滩校可没关系"。（笑）

桥本： 说起来"神奇"，经常听到有人说，滩校全是书呆子，

① 三高，指神户一中等当时较难考入的三所代表性高中。

128

没体育馆啦，没音乐室啦等。可真来一看，音乐也教，体育课也有。

之前拿下全国第一时，你要说滩校一直是这么自由的状态，没什么高考特别辅导，那就会有人说，那东大录取人数就不可能全日本第一，滩校一定是对学生下令彻底封口了等。说得好可怕啊。

远藤： 其他学校的学生这么说，是因为滩校有其他学校没有的独到之处，对吧。这又是什么呢?

桥本： 可能是六年一贯制教育吧。

远藤： 每位老师都要跟班六年，国语老师啦，数学老师啦，未必就是跟高考辅导有关的老师吧。

桥本： 学生一入学，任课老师就定下来了。6 人 1 组。也就是说，除了国语、英语、数学外，其余 3 个是理科、社会、艺术与体育。从初一到高三，一直是这 6 个人边商量边带的。

远藤： 那……中途几乎不会换老师吧。

桥本： 几乎不会，除了退休之外。

远藤： 要是有的孩子跟不上，这些老师就要进行特别辅导吧。

桥本： 留下来开小灶之类的事是不做的。虽会警告学生要在家里好好学，不行就补考等，但实际上，成绩不太好大家也睁一只眼闭一只眼带着往前走。

◆开阔学生视野，让学生具有灵活性

远藤： 我们那时候，成绩好的学生在 A 组，稍差一点的在 B
组，棘手一点的在 C 组，完全没希望的在 D 组。像我
这样的，到最后是 D 组里的第一名啊。然后，A 组就
由好老师教，像 C 组、D 组这样的就感觉被抛弃了一
样，你们这些家伙没希望了嘛。

桥本： 这种做法现在完全没有了。所有人都一样。

远藤： 我那时候是在 C 组与 D 组间徘徊。我们这些学生既然
被抛弃了，就越发自暴自弃，根本不学习了。（怨恨
地）待遇真是不一样啊，A 组和 D 组之间的待遇。但
在 C 组与 D 组里也出了很多人才，像现在做棒球解说
的好村先生、作为主持人活跃在舞台一线的大久保怜
先生、作俳句的楠本宪吉先生等。

桥本： 现在所有学生都一样了，也没有高考补习等。只是高
三暑假期间要分前后两期进行特别辅导。前期以理科
实验为主，平时上课不太方便做的理科实验攒到一起
做。后期仅 8 天时间，只做语、数、外三科辅导。

远藤： 喔！只有 8 天吗？

桥本：是啊。其他什么辅导都不做。

远藤：这么说，从前一说进了一高，进了三高，办公室里就热闹到不行。现在的话，就是说山田君进了，木村君进了，老师们也只淡淡地说："噢。是嘛。"……

桥本：可能会说"不错啊"。就这种程度吧。

远藤：啊！这都什么事啊。我那母校真成了了不得的学校啦。这么说，滩校除一贯制外并没有特别辅导。可尽管如此还是有那么多学生考上了好大学是因为学生资质好。这对其他学校也适用吗？

桥本：我认为适用。过于强调高考，视野就窄了，稍不合理想就通融不得了。虽说是自卖自夸，但我那桥本式教育方法最好，不是吗？尽量不断地开阔学生们的视野。跟高考无关的事想做多少就做多少啊。

远藤：比如说是什么样的……

桥本：比如指导短诗写作。我从初二开始让学生写诗，并做成年级诗集，直到高中毕业。有一届学生毕业的时候所做的诗集多达 16 册呢。一开始是初二的一个暑假，让学生们读《石川啄木诗歌集》，但读完不是让他们写读后感，而是让他们写诗。会写的写 10 首、20 首都成，不会写的也要写一首。要记分的。只是，10 首也好，一首也好，分数是一样的。不如说，反而是只有一首的学生写得更辛苦。努力本身就是好事。这个事一直坚持了下来。

远藤：没记错的话，我那时候的国语课，在教科书之外也有课外阅读，我就读过子规的日记等。要没有那些，或许我也不会成为小说家。

桥本：在滩校，这类课外学习很多啊。国语课上使用的古典作品教材也会把谣曲集交给学生，让学生试着写。这么一来，大家都喜欢起了谣曲，很多学生还跑去能乐堂看能乐呢。这件事也是一直持续到毕业。

远藤：噢！

◆居然没有毕业生在宝塚工作

桥本：有学生说，去了大学，研究狂言的老材料时，能读懂那些字的就他一个。再就是每年正月都要举行《百人一首》抢牌大赛。国语课一开始就开赛。以前，毕业前夕还会举办抢牌大赛呢。教室划成 6 个区，即 6 个组。一个人负责读牌，大家一齐抢。这个大赛从初一一直办到高三。每次获胜的组每人发一支铅笔。

远藤：国语课就以抢牌大赛开始吗？

桥本：对。从十多年前就开始了。因为《银汤匙》中出现了《百人一首》。

远藤：这样一来，《银汤匙》的一字一句都没疏忽了。这才是最好的教育啊。

　　　只是，滩高不是男女同校，对吧？

桥本：是啊。只有男生啊。

远藤：我那时候，经常去追甲南女校的学生，现在没这种事了吧。

桥本：不不，也不是没有。

远藤：噢？也这样吗？我的那些后辈们？

桥本：有这样的学生。甲南已经搬到山上去啦。甲南还在这边的时候，有个学生就在国道电车上给甲南的女孩子写情书，那个女孩子也答应交往，两个人一直保持恋爱关系，今年春天结婚了。

远藤：噢！

桥本：那个学生经常跟历史老师津津乐道和那个女孩子的事情呢。

远藤：（再次恨恨地）啊！？我们那时候，这种事哪怕说半句都要挨揍！哪谈得上叨叨跟女孩子怎么样，只被发现了一点蛛丝马迹就要挨揍。啊！这又让人感觉恍如隔世了。这都什么世道啊。我们也太可怜了。

桥本： 去年学校艺术节的时候，学生会会长还跳了杀手舞呢。他以前做过戏剧部部长。表演的时候穿黑色双排扣礼服，戴高顶礼帽和墨镜，还拿着手枪。这边把红光、绿光打过去，那边跳得不比宝塚差。

远藤： 什么！艺术节上？在学校里吗？

桥本： 是啊。在学校里。

远藤： 这真是岂有此理，太不像话了。真太不像话了。我真是要火冒三丈了。校园生活自由奔放也就罢了，还跳那种杀手舞！简直是岂有此理啊。从前的滩校学生也就诵诵诗之类。跳舞？早被您这位桥本老师给揍了。

桥本： 不过，现在，就连我自己都成宝塚粉丝啦。

远藤： 哎？老师您？啊！这都什么世道。世界末日啊！日本真是要沉没啦！

桥本： 去年开始的。去年3月第一次看，呼地火就着了。之后就想每月都去看看吧，这就开始了。但慢慢感觉每月一次不过瘾，7月就去看了两次，结果一发不可收了，12月去了7次。

远藤： 我都不知道该说什么了。我们那时候，学生去看电影不都被勒令停学吗？

桥本：那时候都这样嘛。

远藤：（压低声音）那，老师您是对什么感兴趣呢？对宝塚……

桥本：都是女孩子嘛。

远藤：哎?! 作为滩校毕业生，我表示彻底无语。可是老师，滩校毕业生里没人在宝塚工作，对吧？

桥本：没有啊。

远藤：所以嘛。这可不成啊。如果有毕业生在宝塚工作，那只要老师您走进宝塚剧场，滩校毕业生就会为您备好最好的席位，这样滩校才像话呀，毕竟，您把学生们都送进了东京大学和京都大学嘛！

载于《读卖周刊》1974 年 4 月 6 日
征得相关人员同意，特此转载